BALI ERKUNDEN 56

TOUREN AUF BALI 126

BALI ERFASSEN 134

KARTEN UND PLÄNE

BALI ENTDECKEN

Ein magischer Ort mit einer großen Surfgemeinde: Suluban Beach im Süden Balis.

UNSER BALI

Bali ist ein Sehnsuchtsort. Noch immer. Nirgendwo sonst liegen Natur, Kultur und uralte Tradition so dicht beieinander. Nirgendwo sonst wartet eine solche Vielfalt für aktive oder entspannte Urlaubstage.

In den 1980er-Jahren lebten wir in Jakarta und reisten zum ersten Mal nach Bali. Nach Hause schrieben wir, dass die Götter ihr Füllhorn exakt über dieser kleinen Insel ausgeschüttet haben mussten und die übrige Welt nur die Reste abbekommen habe. Das Gefühl ist bis heute geblieben. Schon mit der ersten Begegnung setzte ein Sog ein, der uns immer wieder nach Bali brachte. Jedes Jahr. Komischerweise scheint das auch allen so zu gehen, die nicht aufhören, den Massenansturm aufs Paradies zu beklagen. Natürlich, die Folgen sind unübersehbar. Hotels schießen wie Pilze aus dem Boden, die Strände werden voller, Diskotheken lösen die kleinen gemütlichen Warungs ab – wir ertappen uns hin und wieder dabei, wie wir in den Chor der Nostalgiker einfallen und den alten Zeiten nachtrau-

◀ Die Jatiluwih Reisterrassen (▶ MERIAN TopTen, S. 78) sind Teil des Weltkulturerbes.

ern. Trotzdem, es gibt kein Jahr, in dem wir nicht auf Bali landen. So klein die Insel ist: Wir sind kein einziges Mal zurückgefahren ohne neue Eindrücke und Entdeckungen. Es gibt sie noch, die versteckten Ecken, die Traumkulissen, die dörfliche Abgeschiedenheit. Baden und Schnorcheln, urbaner Trubel und ländliche Ruhe, Reisfelder, Berge und Meer – nicht zu vergessen die Wellnesstempel überall auf der Insel. Bali, das ist immer wieder eine Kombination aus allem.

ARCHIV DER SINNE

Sobald die Tür der Ankunftshalle am Flughafen Ngurah Rai aufgeht, wird das Archiv der Sinne aktiviert. Fast vergessen seit dem letzten Besuch: der Duft von Frangipani, Jasmin und Räucherstäbchen, der so ganz andere Rhythmus, das Klingklong der Gamelan-Musik, die überbordenden Farben. Alles ist sofort da! Mit jeder neuen Reise ist der Vorsatz verbunden, einen Bogen um die Hauptstrände im Süden zu machen und gleich in den ruhigen Norden oder in die Berge zu fahren. Doch jedes Mal schlägt der Taxifahrer auf unser Bitten zunächst den Weg nach Legian oder Seminyak ein. Nach ein paar Minuten taucht der Wagen ab ins Gewimmel der kleinen Straßen rund um Kuta. Stau, wie üblich, aber Gelegenheit, die Auslagen der zahllosen Geschäfte zu bestaunen. Bali erfindet sich ständig neu – und bleibt sich im Kern doch treu. Auf den Gehsteigen liegen die kleinen Opferschälchen aus Bananenblättern, gefüllt mit Reis und Blüten, alle paar Meter überholt uns ein Mopedfahrer in Festkleidung, unterwegs zu einer Zeremonie. Touristen schlendern im Bali-Tempo durch die Gassen, locker in der Hüfte. Sie haben bereits die Langsamkeit entdeckt.

INSZENIEREN UND ZELEBRIEREN

Unser Ankommen auf Bali verläuft seit Jahren gleich. Der erste Akt: im Hotel den Koffer aufs Bett werfen, den Sarong hervorziehen und ab an den Strand. Den Sonnenuntergang über dem Indischen Ozean sollte man auf keinen Fall verpassen. Der zweite Akt: Essen! In Seminyak ein Fest – 80 Prozent aller Spitzenrestaurants ballen sich hier. Man kann sich durch den gesamten Archipel oder rund um den Globus schlemmen. Die Betreiber lassen auch atmosphärisch nichts anbrennen und warten mit immer neuen Ideen auf. Nichts scheint ihnen fremder als die Vorstellung, ein Restaurant bestehe nur aus Mobiliar und guter Küche. Auf Bali wird das Tafeln inszeniert. Am Meer, über Lotusteichen, inmitten schönster Bambuskonstruktionen oder tropischer Gärten – die Bühnen wechseln, der Grundgedanke bleibt. Dritter Akt: auf dem Rückweg ins Hotel ein Abstecher zum Spa und einen Termin für den nächsten Morgen ausmachen. Auch hier die Qual der Wahl. Nirgendwo sonst auf der Welt gibt es eine solche Dichte von Wellnessoasen. Mit der ersten Massage, anbetungswürdige 90 Minuten lang, sind wir dann wirklich angekommen.

ABSEITS DER TOURISTENHOCHBURGEN

Nach ein paar Tagen an den langen Sandstränden wächst der Bewegungsdrang. Der Lieblingsdrink in der Rock Bar über dem Meer ist getrunken, der Fisch auf dem Nachtmarkt von Jimbaran gegessen, die neuesten Loops der Surfer an der Steilküste von Bukit Badung mit Bewunderung registriert. Alles ein Muss, wie auch der Uluwatu, Balis südlichster Tempel, wo in schwindelnder Höhe der Blick frei wird auf die unendlichen Weiten des Ozeans und wir jedes Mal aufs Neue begreifen, dass hinter dem Horizont nur noch die Antarktis liegt. Ansonsten nichts als Meer. Jetzt aber geht es mit dem Auto nordwärts. Auf der Landstraße. Schon hinter Sukawati beginnt das eigentliche Bali, die Landschaften der Reisterrassen ziehen vorbei, Palmen, blühende Bäume im Wechsel. Dörfer, in denen die Straße die natürliche Verlängerung des Wohnzimmers ist. Am Straßenrand bewegen sich kerzengerade aufgerichtete Frauen und Mädchen, oft schwere Lasten auf dem Kopf balancierend. Überall Kinder und ein endloses Gewimmel überladener Zwei- und Dreiräder, auf denen schier alles transportiert wird. Bali abseits der Touristenhochburgen ist zu schön, um wahr zu sein. Die ersten Spaziergänge oder Fahrradtouren durch die Reisfelder: unschlagbar!

SCHÖNHEIT DER REISTERRASSEN

Freunde oder Kollegen, die eine Reise nach Bali planen und fragen, wo sie denn am besten ihr Quartier aufschlagen sollten, sind zunächst irritiert über den Rat, auf keinen Fall alles auf die Karte Badeurlaub zu setzen. Die meisten haben Bilder vom Südseeparadies im Gepäck: weiße Strände, Palmen, Hüttenromantik. Wenn sie hören, dass es das eher selten gibt, ist die Enttäuschung erstmal groß. Balis Strände sind nur im Süden weiß, im Osten dunkelgrau – so sie nicht schon gänzlich dem Raubbau zum Opfer gefallen sind – und im Norden fast schwarz. Dass es gerade hier wunderschöne Tauch- und Schnorchelgebiete gibt und in den ehemaligen Fischerdörfern kleine gemütliche Gästehäuser und Hotels auf Besucher warten, ahnen die wenigsten. Freunden, die nur ein paar Tage auf Bali planen, empfehlen wir immer, neben den Stränden im Süden und den Kliffs von Bukit Badung wenigstens einen Abstecher ins Innere der Insel zu wagen. Dorthin, wo die Reisterrassen in allen Grüntönen leuchten und der Turbo-Tourismus noch weit weg scheint. Ubud ist vom Süden aus schnell erreicht und liegt inmitten einer herrlichen Landschaft, die unzählige Künstler inspiriert hat und bis heute inspiriert. Und nur ein paar Minuten braucht es, um von den eindrucksvollen Museen dort in die Reisfelder zu gelangen, wo alles, was man gerade auf den Gemälden bewundert hat, im Original vor Augen tritt.

ÄSTHETIK IST RELIGION

Der Reiz Balis liegt nicht allein darin, immer neue versteckte Buchten, Wasserfälle oder das dörfliche Idyll zu entdecken. Was die Insel für uns wirklich unverwechselbar macht, ist die Kultur der Balinesen und der unbedingte Wille, dem Leben Schönheit abzuringen. Ästhetik ist Religion, Kunst ist Religion, Musik, Tanz und Essen, der gesamte Alltag. So sehr Bali sich auch verändert, die unzerstörbare Konstante und das höchste Ziel bleibt es, die Insel den Göttern zum Gefallen einzurichten. Zigtausende von Tempeln zeugen davon, die meisten sind noch echte Entdeckungen und nicht so überlaufen wie die Hauptattraktionen Uluwatu, Besakih oder Tanah Lot. Überall sind die Tempel Mittelpunkt zahlloser Zeremonien und Rituale, die für die Menschen zum Leben gehören wie die tägliche Schale Reis. Allein Odalan, mit dem einmal im Jahr der Geburtstag eines Tempels festlich begangen wird, schlägt, über die Insel verteilt, mit Dutzenden von Festen zu Buche. Täglich. Dazu kommen hohe Feiertage und die Zeremonien der Familien. Noch nie haben wir Bali verlassen, ohne nicht wenigstens ein paar dieser beeindruckenden Momente erlebt zu haben. Sie geben uns nicht nur exotische Eindrücke mit, sondern auch die Gewissheit: Die Insel der Götter ist nicht kleinzukriegen. Auch durch den Tourismus nicht.

DIE AUTOREN

Dudy Anggawi lebt in Bremen und in Indonesien, wo er Literaturkarawanen organisiert, die den gesamten Archipel bereisen. **Silke Behl** arbeitete in den 1980er-Jahren als Literaturdozentin an der Universitas Indonesia in Jakarta. Seit 1991 ist sie Kulturredakteurin bei Radio Bremen. Gemeinsam setzen sie sich für den Kulturaustausch zwischen Deutschland und Indonesien ein.

MERIAN TopTen

Diese Höhepunkte sollten Sie sich bei Ihrem Besuch auf keinen Fall entgehen lassen: Ob der Tempel Pura Luhur Uluwatu, die Strände von Kuta oder die Elefantenhöhle Goa Gajah – MERIAN präsentiert Ihnen hier die wichtigsten Sehenswürdigkeiten von Bali.

1 Pulau Menjangan

Rund um die kleine Insel im Nordwesten blühen die Unterwassergärten. Ein Paradies für Schnorchler und Taucher (▶ S. 80).

2 Strände von Kuta

Meer und Sonne liefern zum Sonnenuntergang ein grandioses Schauspiel. Das Publikum sitzt am Strand und applaudiert (▶ S. 60).

3 Pasar Badung in Denpasar

Exotik im Gewirr des größten Marktes. Gewürzberge, nie gesehene Früchte, unbekannte Aromen. Es gibt alles, was Balis Küchen brauchen (▶ S. 60).

4 Pura Luhur Uluwatu

Der Tempel an der südlichsten Spitze der Insel schwebt zwischen Himmel und Erde auf einem hohen Kalksteinfelsen (▶ S. 67).

5 Reisterrassen von Jatiluwih

Diese kunstvoll angelegten Reisterrassen sind die schönsten auf ganz Bali. Ein Rausch in Grün (▶ S. 78).

7 Museum Puri Lukisan in Ubud

Das Museum liegt in einer idyllischen Parklandschaft mitten in Ubud. In Themenpavillons erzählt es eindrucksvoll die Geschichte der balinesischen Malerei (▶ S. 90).

7 Elefantenhöhle Goa Gajah

Durch den riesigen Schlund einer Dämonenfratze tritt man ein in die mit Reliefs und Statuen ausgeschmückte Höhle, die zu den Wasserheiligtümern der Balinesen zählt (▶ S. 97).

8 Pura Gunung Kawi

317 Stufen geht es hinunter zu diesem für spirituelle Zwecke erbauten Heiligtum. Ein Tempelkomplex, herausgehauen aus solidem Fels und unbestreitbar ein Meisterwerk der Steinmetzkunst (▶ S. 97).

9 Wasserpalast Tirta Gangga

Den wunderschönen Wasserpalast ließen die Fürsten von Amlapura bauen. Heute darf sich das Volk in den Teichen vergnügen (▶ S. 106).

10 Pura Besakih

Auf dem heiligen Berg Gunung Agung thront der Muttertempel. Hier verorten die Balinesen den Sitz der Götter und den Mittelpunkt ihres Universums (▶ S. 113).

MERIAN Momente

Das kleine Glück auf Reisen

Oft sind es die kleinen Momente auf einer Reise, die am stärksten in Erinnerung bleiben – Momente, in denen Sie die leisen, feinen Seiten der Insel kennenlernen. Hier geben wir Ihnen Tipps für kleine Auszeiten und neue Einblicke.

1 Sonnenuntergang am Strand von Legian und Seminyak D5

An klaren Tagen zieht es abends gegen 18 Uhr Touristen wie Einheimische an den Strand. Bei wolkenlosem Himmel erwartet sie in der kommenden Stunde ein Schauspiel in allen Farbschattierungen von Orange bis Lila. Suchen Sie einfach einen ruhigen Platz und genießen Sie die Szene. Im Gegenlicht wirken Spaziergänger, fliegende Händler und spielende Kinder wie Akteure eines gigantischen Schattenspiels. Wenn die Sonne hinter der Horizontlinie verschwindet, applaudiert das Publikum.

Strand von Legian/Seminyak

2 Sundowner in der Rock Bar Jimbaran D5

Sie schweben 14 m über dem Meer, unten branden große Wellen gegen die Felsen. In der Bucht von Jimbaran hängt Balis spektakulärste Bar über der Steilküste und setzt sich den Naturgewalten aus. Über Ihnen nichts als der hohe Himmel, vor Ihnen der Indische Ozean, in dem in Kürze die Sonne untergeht. Kommen Sie rechtzeitig, am besten schon um 16 Uhr, denn später sind alle Logenplätze besetzt. Bestellen Sie einen der leckeren Cocktails, genießen Sie die Brise und dann den Moment, wenn die Sonne verschwindet und der Himmel in allen Rottönen leuchtet.

Jimbaran | Rock Bar im Ayana Resort | Jl Karang Mas Sejahtera | Tel. 03 61/ 70 22 22 | Reservierung nicht möglich

3 Spaziergang durch die Reisfelder von Ubud D4

Am Nachmittag, wenn das Licht sanfter wird und die Farben satt, lohnt es, die Stadt hinter sich zu lassen für einen Spaziergang durch die Reisfelder. Zunächst geht es die Jalan Kajeng hinauf. Vorbei an dörflichen Häusern und Lädchen, aber dann wird aus der Straße ein unbefestigter Weg, der mitten hineinführt ins Grün der Kulturlandschaft. Palmen spiegeln sich im Wasser der Reisfelder, bunte Fähnchen wehen im Wind, man sieht Reisbauern bei der Arbeit und Scharen von Enten. In den kleinen Kanälen gluckert das Wasser. Hier und da bellt ein Hund. Ansonsten herrscht Stille. Der Pfad führt weiter durch die Felder, wird allmählich zum

Balanceakt, und bald sehen Sie ein Hinweisschild zur Sari Organik Farm. Nehmen Sie dort einen Imbiss. Im Touristenbüro gibt es eine Karte, auf der der Spaziergang eingezeichnet ist.

4 Teestunde mit Aussicht D4

Nördlich von Ubud und im Hochland liegen die großen Tee- und Kaffeeplantagen. Man schaut hinunter auf Terrassenfelder und dichte Wälder. Eine Kulisse wie aus einer anderen Zeit. Wenn Sie in dieser Gegend unterwegs sind, finden Sie immer wieder Schilder mit Hinweisen auf Öko-Farmen oder kleine Warungs am Straßenrand, die Tee oder Kaffee aus der Region anbieten. Machen Sie dort Pause! Lehnen Sie sich zurück, genießen Sie die einmalige Aussicht und den frischen Geschmack. Beispielhaft ist das Pulina Bali. Ein Ort mit Hüttenatmosphäre. Hocker, roh behauene Tische. Überall stehen Schälchen mit unterschiedlichen Tee- und Kaffeesorten zum Verkosten. Anschließend können Sie Ihre Lieblingssorte schön verpackt kaufen, einen Rundgang durch die Plantagen machen oder zuschauen, wie der berühmte Kaffee »Kopi Luwak« produziert wird, der erstmal durch den Körper einer Zibet-

katze geht, bevor aus den Bohnen der teuerste Kaffee der Welt geröstet wird.

Bali Pulina Agro Tourism | Banjar Pujung Kelod | Tegalalang, Gianyar | Tel. 03 61/ 90 17 28 | tgl. 9–18 Uhr

5 Die Reiher von Petulu D4

Im Dorf Petulu wiederholt sich seit 1965 allabendlich ein rätselhaftes Schauspiel. Abertausende Reiher kommen aus den Bergen, fliegen über die Reisfelder und lassen sich auf den Bäumen nieder. Ob ihr Erscheinen mit dem Ausbruch des Gunung Agung zusammenhängt, mit der Einweihung des großen Dorftempels Mitte der 1960er-Jahre oder ob die Vögel die Seelen der bei den Massakern von 1965 Ermordeten repräsentieren: Es ranken sich viele Mythen um ihr Auftauchen. Am besten kommt man schon am späten Nachmittag, und zwar mit Schirm, denn auch Reiher müssen mal. Ein guter Platz zum Beobachten ist die Umgebung des Tempels Pura Desa am nördlichen Ortsende. Im Reisfeld gibt es einen kleinen Unterstand mit Sitzbänken. Von dort aus sieht man die Bäume, auf denen die Reiher wie prächtige weiße Blüten wirken.

Petulu | 5 km nördl. von Ubud

6 Baden in heiligen Wassern

F4

Steigen Sie in die heiligen Wasser von Tirta Gangga. Die Bassins im Wasserschloss waren einst dem Herrscher von Karangasem vorbehalten, heute hat auch das Volk Zugang. Während Sie im Quellwasser die verjüngende Wirkung abwarten, genießen Sie den einmaligen Blick über die Reisterrassen bis zur Küste. Nach dem Baden können Sie sich oberhalb des Wasserschlosses im Restaurant Tirta Ayu köstliche balinesische Spezialitäten auftischen lassen.

Tirta Ayu | Im Wasserpalast | Tel. 03 63/22 50 31 | www.hoteltirtagangga.com | tgl. 9–21 Uhr | €€

7 Findet Nemo! B/E2, F3

Im Norden und Osten Balis – vor allem an den Küsten von Tejakula, Kubu, Amed und Pemuteran – kann man direkt vom Strand aus schnorcheln. Die Riffe sind zwar nicht so fischreich wie die Reviere, die per Boot angefahren werden. Aber hier ist man oft ganz allein unterwegs und kann die Unterwasserwelt in Ruhe beobachten. Anemonen-, Trompeten- und Korallenfische machen ihrem Namen alle Ehre. Mit etwas Glück kreuzt auch eine Schildkröte Ihren Weg. Erst wenn Sie wieder an Land sind, merken Sie, dass Sie eine ganze Weile schwerelos unterwegs waren.

Amed, Kubu, Pemuteran, Tejakula

8 Das Innehalten zelebrieren

E4

Wo Sie auch im Land unterwegs sind: Sie kommen gar nicht umhin, irgendwann eine der zahllosen Zeremonien

und Prozessionen auf Bali zu erleben. Wenn Sie mehrere Balinesen in traditioneller Kleidung sehen, steht in der Regel Besonderes an. Warten Sie ab! Unbeirrt von den fremden Sonnenanbetern vollziehen die Balinesen ihre Rituale auch an den Küstenabschnitten der Insel, beispielsweise an den schwarzen Stränden des Ostens, etwas abseits der viel besuchten Fledermaushöhle Goa Lawah. Ein fantastischer Moment zum Innehalten. Suchen Sie sich einen Platz am Rand, schauen Sie in aller Ruhe zu – am besten nicht durch das Kameraobjektiv – und beobachten Sie, mit welcher Hingabe selbst die kleinsten Details choreografiert sind!
Genauso schön kann es sein, am frühen Morgen zu erleben, wie in Ihrem Hotel die Opfergaben vorbereitet und am Haustempel abgelegt werden. Wenn Ihre Unterkunft familiär geführt wird, können Sie auch fragen, ob Sie einmal mitgehen dürfen. Sarong und Schärpe mitbringen und einen meditativen Tagesbeginn zelebrieren!

Strände im Osten

9 Die stille Stunde des Sonnenaufgangs im Norden

B/E 2

Wenn Sie den Urlaub an den nördlichen Stränden verbringen, etwa in Pemuteran oder Tejakula, stellen Sie den Wecker auf fünf! Nehmen Sie einen Sarong mit! Vielleicht klopfen Sie vorsichtig an der Küchentür, hinter der zu dieser Zeit bereits das Frühstück hergerichtet wird, und bitten um einen Kaffee oder Tee. Dann im nachtkühlen Sand ein Plätzchen suchen. Es ist noch dunkel, aber an der Horizontlinie leuchtet es schon silbrig. Der helle Streifen wächst schnell, und bald taucht der orange-gelbe Sonnenball hinter dem Meer auf. Das Farbenspiel über dem Wasser und an Land verändert sich von Minute zu Minute, die ersten Fischer werfen ihre Netze ins Meer, im Garten sammelt jemand Blüten und legt sie zusammen mit den Opferschälchen am Haustempel ab. Es ist die Stunde, in der Bali erwacht und den neuen Tag begrüßt.

Strände in Pemuteran oder Tejakula

NEU ENTDECKT

Worüber man spricht

Jede Region verändert sich – auch wenn vieles beim Alten bleibt. Durch neu eröffnete Museen, Hotels oder Restaurants gewinnen Orte und manchmal ganze Landstriche weiter an Attraktivität. Ebenso lässt sich Bali mit neuen Freizeitangeboten vielfältiger erleben und vielleicht sogar mit anderen Augen sehen. Hier erfahren Sie alles über die jüngsten Entwicklungen.

◀ Ein schönes Plätzchen zum Baden: der Strand von Pasir Putih (▶ S. 19) östlich von Candi Dasa.

ÜBERNACHTEN

Krishna Homestay 👪 E4

Viel Atmosphäre – Ein neues »Homestay« in Bilderbuchlage, mitten in einem organischen Garten, aus dem sich auch die Gäste bedienen dürfen, und mit toller Aussicht auf Wälder und Berge. Ein Musterbeispiel für den neuen, in die Dorfgemeinschaft integrierten Tourismus und den familiären Umgang mit Gästen.

Sidemen | Banjar Tabola | Tel. 0 81/5 58 32 15 43 | www.pinpinaryadi007.wix.com | 5 Bungalows | €

Trend zum Ferienhaus

Nördlich von Canggu und besonders rund um Pererenan (D5) etabliert sich allmählich eine neue Form von Tourismus. In der sattgrünen, schon ein wenig hügeligen Landschaft entstehen seit einiger Zeit kleine Resorts und Villenkomplexe. Entlang der Jalan Pantai Pererenan finden Sie etliche solcher Unterkünfte inmitten der Reisfelder. Alle mit Pool und feinen Gartenanlagen. Zum Strand sind es nur wenige Minuten. Typisches Beispiel für Qualität und günstige Preise: Ngeluwungan Villa (▶ S. 75). Im Bali Street Atlas aus dem Verlag Periplus (▶ S. 147) finden Sie die Namen zahlreicher anderer Resorts. Sie sind viel billiger, als die Bezeichnung Villa ahnen lässt. Auf Detailkarten ist die Lage der einzelnen Anlagen verzeichnet. Zur weiteren Recherche müssen Sie den Namen eingeben: Viele der angegebenen Villenkomplexe verfügen bereits über eine eigene Website.

ESSEN UND TRINKEN

RESTAURANTS

Bambu D5

Im Trend – Indonesische Küche auf internationalem Niveau. Die Besitzer des am Strand gelegenen La Luccida (▶ S. 53) setzen hier auf heimische Hausmannskost und einen neuen Trend. Der junge Küchenchef Nyoman Suasa beherrscht die Spezialitäten des gesamten Archipels. Wie wär's mit Jackfruit-Curry aus Java? Fleischgerichte aus Timor? Oder Fisch à la Sulawesi? Alles erstklassig. Reservierung ist erforderlich!

Petitenget | Jalan Petitenget 198 | Tel. 03 61/8 46 97 97 | www.bamboorestaurant.com | tgl. 18–24 Uhr | €€€

B.O.B. – Best Of Bali D5

Stylish – Eine gastronomische Erlebniswelt zwischen Vintage und hochmodernem Stil. Von Shisha bis Cocktails, von der Tapas-Bar auf dem Dach bis zum japanischen Grillrestaurant, dem indonesischen Kaffeehaus und anderen Kulinaria finden Sie hier alles. Das B.O.B. hat 670 Sitzplätze und ist in verschiedene Zonen unterteilt.

Petitenget | Jalan Petitenget 27C | Tel. 03 61/4 74 11 22 | tgl. 12–2 Uhr | €€–€€€

Café Cous Cous D5

Vegetarisch – Fernost trifft hier auf die arabische Welt. Eine wunderbare Mixtur der Gewürze und Atmosphären. Gekocht wird vegetarisch, allein das Frühstück lockt Gäste aus der ganzen Gegend ins Haus. Die Lage in den Reisfeldern von Umalas sorgt für den Rest: Gepflegte Entspannung bei gesundem Essen ist hier Trumpf.

Canggu, Umalas | Jalan Bumbak | Tel. 03 61/75 09 98 | Mo–Fr 8–19, Sa, So 8–15 Uhr | €€

BARS

Old Man's D5

In Canggu, am Strand von Batu Bolong, lebt das alte Bali-Feeling wieder auf. Die jungen Surfer sorgen für die lockere Atmosphäre, die Küche für Travellerkost (kleine Gerichte wie Burger, Sandwiches, Salate) zu zivilen Preisen, der musikalische Mix für gute Stimmung. Am Wochenende treten Livebands auf. Dann ist im selbst ernannten »Beach Front Beer Garden« richtig was los, gefeiert wird bis spät in die Nacht.

Canggu | Jalan Pantai Batu Bolong | Tel. 03 61/8 46 91 59 | So–Do 7–22 Uhr, Fr, Sa 7 bis open end | €–€€

EINKAUFEN

Beach Walk D5

Die neue Mall direkt am Strand von Kuta ist eine echte Alternative zu Shoppingzentren wie der Discovery Mall. Die Bauweise mit diversen Rundgängen bietet immer wieder Ausblicke aufs Meer. Hier bummeln auch Einheimische. Rund 200 Shops und viele Restaurants bieten reichlich Auswahl.

Kuta | Jalan Pantai Kuta | www.beachwalkbali.com | tgl. 10–23 Uhr

AKTIVITÄTEN

Hideaways in Kubu F3

Die vor der Nordostküste gesunkene »Liberty« zieht seit Jahren Scharen von Tauchern und Schnorchlern an. Aber kaum jemand weiß, dass nur 3 km westlich von Tulamben in Kubu wunderbare Resorts entstanden sind, in denen totale Ruhe und Erholung garantiert sind. Waren in den Hotels früher hauptsächlich Taucher anzutreffen, wächst die Zahl der Genussreisenden stetig. Wenn man gern schnorchelt, schwimmt oder taucht, auf Nachtleben verzichten kann und relaxen will, gibt es kaum einen besseren Ort auf Bali.

Kuda Hitam Express F3

Seit 2013 verkehren zwischen Amed im Nordosten und den Gili Islands vor der Nachbarinsel Lombok Speedboote. Es ist die schnellste und kürzeste Verbindung. Nach nur 1 Std. legen die Boote auf Gili Trawangan, Gili Meno oder Gili Air an und fahren dann weiter nach Lombok. Die beste, schnellste und billigste Möglichkeit, einen Bali-Urlaub mit einem Abstecher auf die Nachbarinseln zu verbinden. Das Angebot beschert Amed viele neue Gäste.

Im Vergleich zur Anreise von Padangbai aus spart man nicht nur Geld, sondern auch einen halben Urlaubstag.
Amed, Jemeluk | Mainstreet | Tel. 03 63/2 34 82 | www.kudahitmexpress.com | Hin- und Rückfahrt zu den Gilis 1 100 000 Rp. (einfach 660 000 Rp.)

Pantai Pasir Putih bei Candi Dasa

F 4

Candi Dasa kann leider nicht mit einem nennenswerten Strand aufwarten. Aber nur wenige Kilometer östlich finden Sie eine Bucht mit weißem Sand. Hier kann man gut baden und schnorcheln. Am Strand gibt es etliche Warungs, die für Gäste auch Liegen und Sonnenschirme bereithalten. Ein feiner Platz für einen tropischen Strandtag. Noch ein Geheimtipp: Auf der Straße nach Amlapura biegt man im Ort Perasi Tengah rechts ab. Die Schotterstraße runter bis zum improvisierten Parkplatz, dann 5 Min. zu Fuß weiter. Tipp: mit dem Fischerboot ab Candi Dasa aufbrechen. Dann ist schon die Anfahrt von 25 Min. ein Erlebnis. Preise sind verhandelbar und deutlich billiger als die Organisation über das Hotel.

zen dive resorts

F 4

Der letzte Schrei in Sachen Tauchen und Schnorcheln. Ein ganzheitlicher Ansatz setzt auf Umwelt- wie Körperbewusstsein und verbindet das Naturerlebnis mit Meditation und Yoga. Auch unter Wasser! Technisch sind die zen diver bestens ausgestattet mit Masken, die das Atmen durch die Nase erlauben und das Freiheitsgefühl optimieren. Im Angebot sind Touren zu allen populären Tauchgebieten der Insel. Die Zentrale sitzt in Candi Dasa.
Zen Dive Bali East | Candi Dasa, Sengkidu | Jalan Sengkidu, neben dem Hotel Rama | Tel. 03 63/4 14 11 | www.zendivebali.com

Weitere Neuentdeckungen sind durch dieses Symbol gekennzeichnet.

Völlig eins mit sich und dem Element Wasser: Im Zen Dive Resort (▶ S. 19) wird gelehrt, wie man Natur- und Körpererleben vereint. Tauchen wird hier zu einer ganzheitlichen Erfahrung.

BALI
ERLEBEN

Bei der Zeremonie Melasti werden heilige Objekte zum Reinigen ans Meer gebracht.

ÜBERNACHTEN

Robinson spielen oder residieren wie Julia Roberts im Film »Eat Pray Love«. Bali bietet von der Bambushütte über den aufgemöbelten Reisspeicher bis hin zur Luxusklasse alles, was das Herz höher schlagen lässt.

Die schönsten Auftritte haben Hotels und Gästehäuser dort, wo sie in die Natur eingebettet sind. Eine unvergleichliche Bühne, ausgestattet mit Palmen, tropischer Fülle, Stränden in Schwarz oder Weiß, mit Schluchten, Vulkanen und sanften Hügeln. Balinesen setzen traditionell auf **Harmonie** und integrieren ihre Häuser gekonnt in die Umgebung. Die moderne Hotellerie hält es ebenso und inszeniert im Idealfall eine gelungene Kombination von Natur, Komfort und balinesischer Lebensart. Der **Bali-Stil** wird weltweit bewundert wegen der offenen Bauweise und der fließenden Übergängen zwischen Innen und Außen. Heimische Hölzer, Bambus und das Alang-Alang-Gras der Dächer geben den Ton an und stehen wunderbar im Kontrast zu einer minimalistischen **Ästhetik**.
Der Bali-Boom begann mit klaren Vorgaben für die Architektur. Kein Hotel sollte höher sein als die höchste Palme. Im Wesentlichen gilt die

◀ Wird auch höchsten Ansprüchen gerecht: die Ferienanlage Alila Villas Uluwatu (▶ S. 24).

Regel bis heute – aber Palmen können groß werden, und dass auch unterhalb ihrer grünen Dächer Bausünden Platz haben, sieht jeder, der an der Strandstraße von Kuta einen Spaziergang unternimmt. Im turbulentesten Tourismusgebiet stehen die Hotels dicht an dicht. Zimmer mit Traumblick auf die Traumstände erzielen Traumpreise und heizen den **Bauboom** immer weiter an. In den jüngeren Orten wie Sanur oder Nusa Dua hat man aus den Fehlern der Vergangenheit gelernt und die Hotels in großzügige Parkanlagen integriert. Ein schönes, wenn auch oft künstlich anmutendes Ambiente ist garantiert. Das Besondere liegt generell eher abseits der normalen Routen. Das kann ein kleines Hotel sein mitten im Gassengewirr von Kuta oder ein Gästehaus im Reisfeld. In Zentralbali, im Osten und im Norden der Insel findet man solche Unterkünfte häufig – wer auf die langen Strände im Westen nicht verzichten mag, wird nördlich von Seminyak gut aufgehoben sein. Dort wurden, wie übrigens überall auf Bali, in den vergangenen Jahren vor allem **Villen** und **kleine Resorts** gebaut, die sich gut in die Landschaft einfügen und der balinesischen Harmonielehre entsprechen.

SMALL IS BEAUTIFUL

Eine gute Wahl sind kleinere Hotels, Resorts oder Bungalowanlagen. Regierung, Tourismusmanagement und Hotelgewerbe ziehen mittlerweile an einem Strang, um Balis wertvollste Ressource – die Ursprünglichkeit – zu erhalten. Seit einiger Zeit bemühen sich die Hotels auch um Zertifizierungen nach »Tri Hita Karana«, die nur vergeben werden, wenn Anlage und Betrieb eines Hotels der Harmonielehre entsprechen. Zunehmend sind übrigens auch **Ferienhäuser** im Angebot. Auf Bali heißen sie Villa und sind eine echte Alternative, auch preislich. Auch Unterkünfte der günstigeren Preisklasse verfügen heutzutage standardmäßig über Pool und Wellnessangebote. Das betrifft nahezu jedes der in diesem Band aufgeführten Häuser.

Buchungen über Internet oder eine Agentur sind meist billiger. Wenn Sie vor Ort direkt an der Rezeption einchecken, wird es in jedem Fall teurer. Es lohnt selbst last minute der Weg ins nächste Internet-Café, um noch schnell zu buchen. Die **Preise** beziehen sich immer auf eine Zweierbelegung pro Zimmer inklusive Frühstück, oft sind Steuern und Service schon inbegriffen. Das ergibt andere Preise als die der Pauschalangebote zu Hause – die jeweils pro Person berechnet sind. Wer individuell bucht, kann deshalb oft für das gleiche Geld eine höhere Kategorie ins Auge fassen. Zustellbetten arrangiert man für einen geringen Aufpreis. In Häusern der mittleren und gehobenen Kategorie gehören ein kalt-warmes Frühstücksbuffet, frische Säfte und Obst zum Standard. Gästehäuser und kleine Pensionen (»Losmen«) servieren ein indonesisches Reisgericht zum Frühstück oder die Traveller-Variante mit »Pancakes« und Obst. Es stört übrigens niemanden, wenn Sie das Angebot durch Selbstgekauftes ergänzen. Allgemeine Informationen zu Unterkünften finden sich unter www.balispirit.com.

Villen und Ferienhäuser: www.bali-tropical-villas.com, www.balion.com

Sehr hilfreich bei der Urlaubsplanung ist der Bali Street Atlas von Periplus (▶ S. 146): Er verzeichnet Hotels und Resorts der von Ihnen angesteuerten Region auf Detailkarten. Anhand der Namen können Sie dann die jeweilige Ausstattung auf den Websites abrufen.

BESONDERE EMPFEHLUNGEN

Alila Villas Uluwatu

D 5–6

Luxus pur – Vielfach preisgekrönt und Architektur gewordene balinesische Philosophie. Die Anlage liegt am südlichsten Zipfel der Insel, und schwebt 100 m über dem Meer. Die Villen auf dem Kalksteinfelsen verfügen jeweils über einen eigenen Pool, sind offen gestaltet, setzen auf das freie Spiel mit Licht und Luft, bieten aber dennoch Privatsphäre. Balis spektakulärste Aussicht und ein 50 m langer Pool hoch über dem Kliff lassen vergessen, dass hier kein Strand ist.

Bukit Badung | Banyar Tambiyak | Desa Pecatu, Jalan Belimbing Sari | Tel. 03 61/ 8 48 21 66 | www.alilahotels.com/ uluwatu | 84 Villen | €€€€

Lady Bamboo

▶ S. 89, b 3

Für Entdecker – Das familiäre Resort steht für die neuen Formen des Bali-Tourismus. Mitten im Ort, trotzdem ruhig und schön eingebettet in die Natur. Lady Reki und ihr Mann Lambert setzen alles dran, ihren Gästen die wirklich besonderen Seiten der Insel zu zeigen, sie organisieren von Ubud aus individuelle Touren und achten bei allem auf Umweltverträglichkeit.

Ubud | Jalan Kajeng 13c | Tel. 03 61/ 97 00 48 | www.ladybamboo.com | 11 Zimmer | €€–€€€

Poppies Cottages

▶ Klappe hinten, b 4

Legendäres Travellerhotel – Die kleine Anlage mit 20 balitypischen Cottages hat den Massenansturm wie durch ein Wunder unbeschadet überstanden. Eine Oase mitten im Gassengewirr von Kuta, aber abseits vom Autoverkehr und nur 5 Min. vom Strand entfernt. Tropischer Garten mit romantischen Ecken und Pool.

Kuta | Jalan Legian, Gang Poppies 1 | 20 Cottages | Tel. 03 61/75 10 59 | www.poppiesbali.com | €–€€

Samanvaya Cottages E 4

Bali-Style – Mitten in den Reisterrassen, im Hintergrund der dramatische Vulkan Gunung Agung. Die kleine Anlage im Osten Balis ist wunderschön in die Landschaft und ins Dorf integriert. Wahlweise stehen restaurierte Reisspeicher zur Verfügung. Verschwenderische Einfachheit und Authentizität bestimmen die Atmosphäre. Alles ist darauf angelegt, den Gast mit Natur, Kultur und der Dorfgemeinschaft in Kontakt zu bringen. Im Angebot: Yoga, Kochkurse und Trekking-Touren.

Banjar Tabola | Sidemen-Karangasem | Tel. 0 82/1 47 10 38 84 | www.samanvaya.com | 6 Bungalows | €€

Tugu Bali D 5

Kulturtempel – Eingerichtet vom berühmten Kunst- und Antiquitätensammler Pak Anhar. Das Resort ist wie ein traditionelles Dorf aufgebaut – ein Mix aus balinesischen, javanischen und chinesischen Elementen – verfeinert durch unzählige Antiquitäten. Alles bei höchstem Komfort. Das Tugu lag bis vor kurzem einsam am Strand von Canggu, wird aber mehr und mehr zum eleganten Mittelpunkt einer neuen, angenehmen Urlaubsregion, die sich von Canggu aus nach Norden ausbreitet.

Canggu | Jalan Pantai Batu Bolong | Tel. 03 61/4 73 17 01 | www.tuguhotels.com | 21 Suiten | €€€€

Weitere empfehlenswerte Adressen finden Sie im Kapitel BALI ERKUNDEN.

Preise für ein Doppelzimmer mit Frühstück:

€€€€ ab 150 $ €€€ ab 100 $
€€ ab 50 $ € bis 50 $

Wer es schlicht, aber behaglich mag, wird sich in den strohgedeckten Poppies Cottages (▶ S. 24) in Kuta wohlfühlen. Es gibt einen tropischen Garten, und der Strand ist nah.

ESSEN UND TRINKEN

Essen ist auf Bali ein spiritueller Akt und berücksichtigt alles, was Land und Meer hergeben. Eine unglaubliche Vielfalt, Lust aufs Experiment und die Aromen der Gewürzinseln prägen die balinesische Esskultur.

»Suka pedas?« – »Mögen Sie es scharf?« Diese Frage bekommen Sie auf Bali wie in ganz Indonesien häufig zu hören. Wer mit Ja antwortet, erntet Respekt und ein vertrautes Lachen. Gewürze, scharfe Saucen und Chilis gehören im Land, wo der Pfeffer wächst, einfach dazu. Sie werden raffiniert kombiniert mit der sanften Note von Kokos, Fleisch, Fisch und Gemüse. Gern auch mit Fruchtigem.

DAS AUGE ISST MIT

Die balinesische Küche versteht sich auf die Kunst der **Dekoration**, und der Fantasie sind keinerlei Grenzen gesetzt. Das Auge isst also immer mit. Gemäß der hinduistischen Glaubenslehre kommt im balinesischen Haushalt kein Rindfleisch auf den Tisch, ansonsten aber alles, was Land und Meer hergeben. Als absolute Spezialität gilt »**Babi Guling**«, ein über offe-

◀ Für den schnellen Hunger: Samosas, Saté, Reis und Gemüse in einer mobilen Garküche.

nem Feuer mit viel Hingabe gegrilltes Spanferkel. Ein Festtagsgericht, doch mittlerweile auch portionsweise an den kleinen Essständen zu finden. Mittags ist es noch knusprig und heiß, dann schmeckt es am besten. Den zweiten Platz auf der kulinarischen Hitliste nimmt die **Ente** ein, entweder kross gegrillt oder scharf mariniert, in Bananenblätter eingehüllt und stundenlang in einer Glut aus Kokosnussschalen gegart. Dann heißt sie »Bebek Betutu« und schmeckt einfach köstlich. Die Zubereitung ist aufwendig, das Gericht wird nur in Restaurants angeboten und muss vorher bestellt werden. **Reis** ist bei allen Gerichten die Hauptbeilage. Gemüse, Chutneys, Saucen, knackiges »tempe« (aus Soja) und Krabbenchips (»krupuk«) runden das Ganze ab. Natürlich sind **Fisch und Meerestiere** ein wichtiger Bestandteil der balinesischen Alltagsküche – Fisch kommt meistens gegrillt auf den Teller, wird aber in Restaurants auch mit ausgefeilten Methoden zubereitet. Balinesen trinken zum Essen in der Regel Wasser oder warmen Tee.

FRISCH, PREISWERT UND LECKER

Essen kann man auf Bali quasi, wo man geht und steht. Unzählige kleine **Warungs** säumen die Straßen, mobile **Garküchen** sind unterwegs. Die grillen übrigens auch das beste »Saté«: kleine Fleischspieße, zu denen Erdnuss-Sauce gereicht wird. Schauen Sie darauf, wo die Einheimischen Schlange stehen! Da ist das Essen frisch, preiswert und oft ausgesprochen lecker. Hausmannskost gibt es in den Gasthäusern **»Rumah Makan«**. Überall steht gebratener Reis »nasi goreng« auf der Karte, meist auch Huhn, Suppen und würzige Omeletts.

Restaurants der **gehobenen Küche** gibt es in allen Varianten. Indonesisch, Balinesisch, Japanisch, Italienisch oder Fusion – Sie können sich durch den ganzen Archipel schlemmen oder rund um den Globus. Relativ neu ist der Siegeszug der **vegetarischen Kochkunst**. Die verträgt sich bestens mit der traditionellen Küche Balis und hat vor allem in und um Ubud höchstes Niveau erreicht. Nicht verpassen! Ein Hochgenuss sind die tollen Fruchtcocktails und **Lassies** – Joghurtgetränke mit Zitrone, Minze und/oder Früchten der Saison. Das traditionelle alkoholische Getränk heißt »Arak« (▶ S. 144) und ist mit Vorsicht zu genießen. Aber in den angesagten Bars und Restaurants sind Sie sicher, dort mixen Barkeeper Cocktails der Spitzenklasse.

BESONDERE EMPFEHLUNGEN

GARKÜCHEN

Balis Fischmarkt D 5

Schlemmen am Strand – Schon immer kaufen die Restaurants in Südbali Fisch und Meeresfrüchte auf dem Pasar Kedonganan in der Bucht von Jimbaran. Irgendwann siedelten sich am Strand kleine Garküchen an, stellten Tische auf den Sand und servierten Fangfrisches direkt vom Grill. Daraus ist inzwischen die größte Fischmeile Balis geworden. Ab Sonnenuntergang wird der gesamte Strand zu einem einzigen Freiluftvergnügen. Entlang der Jalan Pantai Kedonganan warten Dutzende von Lokalen auf Gäste. Sie wählen zunächst aus den Auslagen, was Sie essen möchten. Fisch, Lobster, Schalentiere aller Art und Meeresfrüchte landen dann im Wok oder auf dem Grill und werden Minuten später an den Tisch gebracht. Kein einsames Vergnügen, aber eines für Feinschmecker.

Jimbaran | Jalan Pantai Kedonganan | tgl. ab 17 Uhr | €–€€

RESTAURANTS

Café Moka ▶ Klappe hinten, nördl. b 1

Bestes Café auf Bali – Der Laden liegt recht unspektakulär an der Hauptstraße, kurz vor der Kreuzung, an der es nach Kerobokan geht. Wenn Sie nach dem Einkaufsrausch in Legian nur noch eines wollen: ein vertrautes Baguette oder italienische Pasta – dann gibt es auf ganz Bali keinen besseren Platz. Das französische Gebäck, das Brot und die Nudelgerichte sind einfach fantastisch.

Legian/Seminyak | Jl. Raya Basangkasa | Tel. 03 61/73 14 24 | www.cafemokabali.com | tgl. 7–22 Uhr | €–€€

Casa Luna ▶ S. 89, b 3

Treffpunkt der Kulturen – Restaurant und Bar mit ausgefeiltem Kulturprogramm. Vom Poetry Slam bis Jazz: Hier ist jede Woche was los. Balinesische und mediterrane Küche. Berühmt sind die Limonentarte und die besonderen Kaffees. Das Casa Luna bietet auch Kochkurse an. Sehr beliebt, deshalb rechtzeitig reservieren! Spezialität des Hause sind aber die Touren zu den traditionellen Essmärkten: Ein Guide kommt mit, erklärt alle angebotenen Gerichte und die Snacks. Beim Schlendern über den Markt ergibt sich das Menü von selbst. »Babi Guling« ist garantiert dabei.

Ubud | Jalan Raya | Tel. 03 61/97 74 09 | tgl. 10–13 Uhr | www.casalunabali.com | €–€€

Five Elements ▶ S. 89, westl. a 6

Die Newcomer – Vegetarisches, Veganes und Rohkost für Gourmets. Hier zeigt Bali, was es kann und lässt Leidenschaft, Tradition und Moderne aufeinander los. Jedes einzelne Gericht versetzt in Staunen und reizt unbekannte Geschmacksnerven. Die heilende Wirkung gibt es gratis dazu. Alles ist biologisch angebaut und stammt aus der Region. Atmosphärisch ist das Restaurant alles andere als bio: Die fantasievolle Bambus-Architektur und das Design sind ein Erlebnis für sich. Ebenso die Aussicht über den Fluss Ayung und einen Lotusteich. Zum Restaurant gehört auch ein kleines Hotel mit neun Suiten.

Ubud | Banjar Adat Baturning | Tel. 03 61/46 92 60 oder 46 58 79 75 | www.fiveelements.org | tgl. 10–22 Uhr | Reservierung empfohlen | €€€€

Poppies Restaurant ▶ Klappe hinten, b 4

Der Klassiker – Filmreife Kulisse. Ein tropisch zugewucherter Innenhof, Teiche, Wasserläufe und dazwischen wunderschön gedeckte Tische. Wie beim Luxus-Picknick im Urwald. Exzellente Küche – traditionell Balinesisch, Indonesisch oder international. Alles vom Feinsten. Wenn Sie die Reistafel bestellen, lernen Sie gleich mehrere Seiten der indonesischen Küche auf einmal kennen. Sehr romantisch ist es hier zum Abendessen!

Kuta | Poppies Lane 1 | Tel. 03 61/ 75 10 59 | www.poppiesbali.com | tgl. 8–23 Uhr | €€–€€€

Warung Nyoman F 4

Echte Hausmannkost – Ein tolles Exemplar des traditionellen Warung. Und auch bei Einheimischen besonders beliebt. Die Atmosphäre ist familiär, das Essen immer frisch gekocht. Hier bekommen Sie das, was den Balinesen begeistert: lokale Küche, bestes »Saté«, Hühnergerichte und die leckere »Bebek Betutu« (gebratene Ente in Bananenblättern). Nyoman schaut auch jeden Morgen, was die Fischer eingeholt haben und setzt es auf die Karte. Hier kommt es einzig auf das Essen an, auf die lockere Atmosphäre und nicht aufs Ambiente.

Candi Dasa | Jalan Raya, gegenüber dem Waterpalace Hotel | Tel. 08 78/ 63 00 94 10 | tgl. 10–22 Uhr | €

Weitere empfehlenswerte Adressen finden Sie im Kapitel BALI ERKUNDEN.

Preise für ein dreigängiges Menü:

€€€€	ab 25 $	€€€	ab 15 $
€€	ab 10 $	€	bis 10 $

Dass vegetarische und vegane Kost keineswegs fad und eintönig sein muss, beweist das Restaurant Five Elements (▶ S. 28) in Ubud. Hier mutiert Bioküche zum Gourmetvergnügen.

Grüner reisen
Urlaub nachhaltig genießen

Wer zu Hause umweltbewusst lebt, möchte vielleicht auch im Urlaub Menschen unterstützen, denen ein verantwortungsvoller Umgang mit der Natur am Herzen liegt. Empfehlenswerte Projekte, mit denen Sie sich und der Umwelt einen Gefallen tun können, finden Sie hier.

Bali ist kein Freilichtmuseum, in dem die Zeit stehen geblieben ist. Seit Jahrzehnten kommen mehr Touristen auf die Insel, als sie Einwohner hat. Alle hinterlassen Spuren. Auch die vermeintlich sanften Backpacker.
Neben Umweltsünden – jedes Jahr gehen der Insel 200 ha landwirtschaftlicher Nutzboden verloren, Flächen werden versiegelt, Abfall in die Natur entsorgt – beunruhigen vor allem die kulturellen und sozialen Folgen des großen Ansturms. Das Schreckgespenst »Tourismuskultur« macht die Runde. Und damit die Angst, dass die traditionelle Kultur zum Unterhaltungsprogramm verkommt. Bauern, die um den Preis eines Mopeds ihre Grundstücke verkauften, arbeiten nun als Gärtner im darauf errichteten Resort. Dorfgemeinschaften zerfallen, weil die Jugend dahin strebt, wo das große Geld lockt. Das landet allerdings selten in den richtigen Taschen, denn es profitieren in erster Linie nationale Eliten und ausländische Investoren. Die Probleme sind unübersehbar. Aber die Gegenbewegung auch.

Die Balinesen haben begonnen, ihr Schicksal in die eigene Hand zu nehmen und tragfähige Konzepte entwickelt. Trendsetter sind die, die auf Nachhaltigkeit setzen – ökologisch, sozial, kulturell. Das passende Modell liefert ein gemeindebasierter Tourismus. Überall auf Bali entstehen mittlerweile kleine, in die dörfliche Umgebung integrierte Projekte und Gästehäuser. Das Motto lautet »small is beautiful«. Der Luxus des Einfachen ist entdeckt. Er bietet den Balinesen Chancen, mit den Gästen in der eigenen Umgebung in Kontakt zu treten. Austausch, voneinander lernen, Erfahrungen teilen. All das funktioniert überraschend gut und ist meist verbunden mit den großen Themen Meeresschutz, grüne Revolution, Nachhaltigkeit und Umweltschutz.

ÜBERNACHTEN

The Green Room ▶ Klappe hinten, b 1

Das Umweltbewusstsein unter jungen Surfern ist enorm gewachsen. Viele Surfschulen betreiben neben dem Sport auch Aufklärungsprogramme für Einheimische wie Touristen, reinigen die Strände und arbeiten mit Schulen zusammen. Vorbildlich ist die Bewegung Kima Surf, der mehrere Surfcamps angehören, u. a. auch The Green Room in Seminyak (▶ S. 62). In den kleinen, landestypischen Resorts wird sehr viel Wert auf Umweltbewusstsein und die Kooperation mit lokalen Organisationen gelegt.

Seminyak | Kima Bali Surf Aris | Tel. 03 61/73 67 37 | www.kimasurf.de

Taman Sari Bali A/B 2

Das Traditionshotel in der Bucht von Pemuteran ist zugleich Standort eines Projekts zum Wiederaufbau der Korallenriffe. Dynamitfischerei und Raubbau haben im Norden und Osten Balis viele der herrlichen Riffe zerstört. Heute ist beides verboten, auf breiter Front hat ein Umdenken eingesetzt, aber Korallen brauchen lange, um zu wachsen. In Pemuteran arbeitet seit 2000 die Global Reef Alliance und initiierte das mit 2 ha größte Riff-Projekt der Welt. Man hat sich was einfallen lassen: Nur ein paar Meter vom Strand entfernt wurden riesige Stahlgerüste versenkt – hier und da auch ein paar alte Fahrräder – und dauerhaft unter niedrige Stromspannung gesetzt. Seitdem kann man den Korallen beim Wachsen förmlich zuschauen. Die Farbenpracht kehrt zurück und mit ihr die Fische. Tauchschulen, Hotels und die Dorfgemeinschaft – alle tragen zum Gelingen bei, auch finanziell. Ein international bestauntes und vielfach ausgezeichnetes Modell. Und eines mit Zukunft, denn selbst die örtlichen Schulen sind Teil des Projekts. Die Resorts teilen sich die Bucht mit einem Fischerdorf. Es ist wunderbar ruhig. Schnorcheln kann man direkt vom Strand aus. Abends spielt die Dorfjugend Fußball mit den Gästen. Was will man mehr?

– Taman Sari Bali Resort & Spa | Dusun Pemuteran | Jalan Seririt | Tel. 03 62/ 9 32 64 | www.tamansaribali.com | 25 Bungalows, 20 Zimmer | €€–€€€€
– Korallenprojekt: www.globalcoral.org

ESSEN UND TRINKEN

RESTAURANTS

Bali Asli F 4

Jenseits der normalen Touristenpfade wird hier die traditionelle Ess- und Kochkultur neu erprobt. Unterhalb des Gungung Agung baute die Australierin Penelope ein Restaurant mitten in die Natur und holte die alten Frauen des Dorfes als Meisterinnen ins Haus. Gekocht wird nur mit besten Zutaten, uralten Methoden und über offenem Feuer. Geradezu legendär sind die Kochkurse, denn alles, was in Töpfe und Pfannen wandert, muss selbst zusammengetragen werden. Beim Trekking durch die Bergregion werden Kräuter und Gewürze gesammelt. Wer genug Zeit mitbringt, kann sogar den Fisch eigenhändig fangen. Ihre Geschmacksnerven werden eine Reise in die Vergangenheit antreten, und Sie lernen viel über die heimische Flora und Fauna. Wem das zu aufwendig ist, der kann auch einfach nur im Restaurant sitzen, sich servieren lassen und die fantastische Umgebung genießen. Hier geht es um viel mehr als nur um das authentische Essen!

Amlapura | Desa Gelumpang | Tel. 08 28/97 03 00 98 | www.baliasli.com.au | tgl. 10–18 Uhr | €€

Kafe ▸ S. 89, c 5

Tropisches Ambiente trifft hier auf Bistro-Flair. Softdrinks stehen nicht auf der Karte, dafür umso mehr Frisches/Organisches aus der Region. In und um Ubud boomen Restaurants dieser Art, aber das Kafe ist und bleibt der Trendsetter. Die Einrichtung besteht aus Recyeltem und ist trotzdem – oder gerade deswegen – cool. Im Shop nebenan gibt es Kaffee, Tees, Gewürze – alles aus biologischem Anbau. Die Kriterien im Hinblick auf Nachhaltigkeit sind streng. Alle Produkte, auch die kunsthandwerklichen Angebote, stehen für die neuen Ansätze in Wirtschaft, Kultur sowie Umwelt. Von den Einnahmen fließt ein Teil in entsprechende Projekte.

Ubud | Jalan Hanuman 44b | Tel. 03 61/97 05 81 | tgl. 8–23 Uhr | €–€€

AKTIVITÄTEN

Green Village Ubud ▸ S. 89, c 3

Bauen mit Bambus. Green Village Ubud ist eine begehbare Vision. Sie werden Ihren Augen nicht trauen. Durch einen Tunnel geht es zunächst über eine schwingende Brücke, und dann breitet sich ein Traumgelände vor Ihnen aus. Spiralförmig schraubt sich ein sechsstöckiges – ja, was eigentlich … Gebäude? – in die Höhe. Offen, luftig, ohne Wände und aus nichts gebaut als Bambus. Das rasant wachsende, äußerst vielseitige und umweltgerechte Süßgras stellte das Leben von Elora Hardy auf den Kopf. Aufgewachsen auf Bali, ging sie nach New York, machte Karriere als Designerin bei Donna Karan und kehrte nach Bali zurück. Seitdem arbeitet sie mit Architekten, Designern und Handwerkern ihrer alten Heimat an der Idee, dass nachhaltiges Bauen, hypermodernes Design und warme Atmosphäre durchaus zusammengehen.

Die 30 Häuser auf dem an einem Flusstal gelegenen Grundstück passen sich der Landschaft an, nicht umgekehrt. Man kann nur zum Schauen herkommen. Für eine Tour. Oder in einem Workshop mit Handwerkern und Designern an einem eigenen Modell basteln. Schöne Souvenirs sind im Angebot. Übernachten geht auch: Die Preise richten sich nach der Größe des Bambustraums. Zum Projekt gehört auch die Green School Bali (▶ S. 132). Ebenso visionär, international, offen auch für balinesische Kinder: ein Versprechen für die Zukunft.

Ubud | Badung | Jalan Tanah Putih | Tel. 03 61/46 98 74 | www.greenvillagebali.com, Schule: www.green.org | Touren durch die Bambuswelt: 28–33 $, 3-Tage-Workshop: 110 $ | Übernachten €€€–€€€€ (für 6 Personen), ungeeignet für Kleinkinder, für alle anderen ein Riesenspaß.

Jaringan Ekowisata Desa D5

Neue und besondere Touren bietet Jaringan Ekowisata Desa (JED). Die ganz auf Ökotourismus ausgerichtete Organisation baute ein tolles Netzwerk auf. Dahinter stehen vier Dörfer und die Stiftung Vishnu. Egal, welches der Dörfer Sie besuchen: Ihr Guide kennt sich gut aus. Ein Bauer, ein Handwerker, ein Fischer oder vielleicht sogar ein Priester wird Sie herumführen. In Pelaga erfahren Sie alles über den Kaffeeanbau, in Sibetan geht es durch die Schlangenfruchtplantagen, vor der kleinen Insel Ceningan (▶ S. 129) mit dem Kanu in die Seegrasfelder und in Tenganan durchs Dorf der Weber. Wanderungen und Wissensvermittlung. Statt Tourismuskultur gibt es Einblicke ins traditionelle Leben und in den Alltag der lokalen Bevölkerung. Die Einnahmen kommen der Dorfgemeinschaft zugute und ermöglichen verschiedenste Projekte. Neben Tagestouren sind mehrtägige Ausflüge möglich, untergebracht werden Gäste dann bei Familien. Eine gute Gelegenheit, Bali hautnah kennenzulernen.

Kerobokan | Jalan Pengubengan Kauh | Tel. 03 61/3 66 99 51 | www.jed.or.Id | Tagestouren ca. 55 $, mit Übernachtung 80–110 $/Person

Auf nachhaltigen Tourismus hat sich die Organisation Jaringan Ekowisata Desa (▶ S. 33) spezialisiert. Einheimische Guides bringen Besuchern ihre Dörfer und ihre Lebensweise näher.

EINKAUFEN

»Lass bloß Platz im Koffer!« – dieser Rat ist Gold wert. Die Balinesen lieben Schönheit und Ästhetik. Das gilt für Mode, Design und jedes Detail der Alltagswelt. Kein Wunder, dass niemand diesem Angebot widerstehen kann.

Kunsthandwerk, Schmuck, Kleidung, Stoffe, Keramik und Interior Design sind die Renner. In allen Preisklassen findet man Ausgefallenes, die größte Auswahl bieten die Touristenzentren im Süden. Dort gilt der Slogan »Shop till you drop«. In den Straßen zwischen Kuta und Petitenget reiht sich Laden an Laden. Dazwischen Billigbuden mit Shirts und Shorts, Gürteln, Taschen, Modeschmuck. Besonders bekannt ist Bali für seine **Holzarbeiten**. Ob Masken, Skulpturen, Bilderrahmen oder Salatbesteck: Edle Hölzer sind kunstvoll beschnitzt, billige meist bemalt. In der Jalan Legian Richtung Seminyak, Petitenget und Kerobokan findet man generell Shops mit hochwertigerem Angebot, ebenso in Sanur und Nusa Dua. Ubud gilt als Zentrum der Kunst und des **Kunsthandwerks**, wird aber zunehmend mit Massenprodukten überschwemmt. Eine Ausnahme sind die Arbeiten der Silber- und Goldschmiede, für die Bali berühmt ist.

◀ In den Souvenirläden von Ubud (▶ S. 34) warten kunterbunte Mitbringsel auf Käufer.

Fast alle Läden in den Touristengebieten bleiben von 9 bis 20 Uhr durchgehend geöffnet. **Handeln** gehört zum Geschäft und wird geradezu erwartet. Ihr erstes Gebot sollte 30 % bis 50 % unter dem geforderten Preis liegen. Edelboutiquen, Kaufhäuser und Malls haben Festpreise – gut für die Orientierung am Anfang.

ORIGINAL UND FÄLSCHUNG

Der Handel mit Antiquitäten floriert seit Jahrzehnten. Viel kann nicht mehr im Lande sein – also wird kopiert, was das Zeug hält. Kunstvoll und ideenreich. Die Indonesier sind wahre Weltmeister in dieser Disziplin. Wunderschöne »Antiquitäten« stammen auch aus Java oder von entfernten Inseln des Archipels. Ein Halsschmuck aus Papua? Eine schlichte Steinskulptur aus Sumba? Alles kein Problem. Relativ sicher sind Sie in Läden, die **Zertifikate** ausstellen. Ansonsten gilt: Stellen Sie sich die Frage, ob Sie den geforderten Preis auch guten Gewissens für eine Fälschung ausgeben würden.

MÄRKTE UND WERKSTÄTTEN

Bali hautnah. Ein Erlebnis für sich, außerdem billiger. Überall auf der Insel bieten die Märkte reiche Auswahl. Körbe, Schachteln und das ganze Arsenal an Küchenutensilien sind ideale Mitbringsel. Kaffee, Tee, Gewürze stammen jeweils aus den besten Anbaugebieten Indonesiens. Beliebt sind auch Seifen und Naturkosmetik. Wer's praktisch liebt, findet in den Supermärkten ein Standardsortiment.

Kunsthandwerker öffnen gern ihre **Werkstätten**. Beeindruckend, mit welch einfachen Mitteln all die schönen Dinge aus Holz, Silber, Gold und Stein hergestellt werden. In den einschlägigen Orten **Celuk** (Silber), Mas (Gold) und **Batubulan** (Holz) finden Sie leicht Zugang, denn oft befinden sich Werkstatt und Laden unter einem Dach.

Buchstäblich auf Tuchfühlung kommen Sie mit den Schneidern. Erfahrene Bali-Reisende bringen ihr Lieblingsstück von zu Hause mit und lassen es sich hier nachschneidern. Ansonsten werden Anzüge und Kleider auf Maß gefertigt. Lederjacken, Stiefel und Taschen ebenfalls. Die meisten **Schneider** finden Sie übrigens in Legian entlang der Jalan Legian. In den Malls residieren die Meister des Fachs. Fragen Sie aber auch in Ihrem Urlaubsort nach guten Ateliers!

Ein Eldorado ist Bali in Sachen Schmuck und Mode. Seit Anfang der 1980er-Jahre Italiens Designer Bali als Zweitwohnsitz entdeckten, mischen sich Stil, Stoffe und Farben zum viel beschworenen Bali-Look. Die Italiener lassen für den heimischen Markt fertigen, vieles landet aber auch in den Shops auf Bali. Kaum auf dem Bügel, wird es schon kopiert und taucht in leicht abgewandelter Form in andern Läden auf. Dann zu günstigeren Preisen. Inzwischen tummeln sich **Designer** aus vielen Ländern in der Szene. Dem Ideenreichtum sind keine Grenzen gesetzt. Vieles, was später in Europa landet, wird hier erstmals ausprobiert. Legian und Seminyak gelten als Brennpunkt im Mode-Business, Edelboutiquen wie Toko Biasa eröffneten mittlerweile Filialen in Sanur und Ubud.
Schmuck gibt es in jeder Preislage. Beliebt sind Silber und Gold, daneben Halbedelsteine und natürlich Perlen. Auch mitgebrachten Modeschmuck oder das Erbstück kann man sich gut bei einem Goldschmied nacharbeiten bzw. kopieren lassen. Steine und Perlen kommen vor allem aus Kalimantan und Lombok. In einigen Läden sieht es aus wie in Ali Babas Höhle. Die Auswahl ist riesig, neben fertigen Schmuckstücken gibt es kistenweise Steine, Kugeln, Ornamente. Ein Rausch an Farben und Formen, aus denen der Kunde selbst etwas zusammenstellen kann.

BESONDERE EMPFEHLUNGEN

BATIK

Batik Keris

Das Traditionsunternehmen aus Java ist für alle Indonesier die erste Adresse, wenn es um Batik geht. Mit den Billigprodukten, die von fliegenden Händlern feilgeboten werden, hat das aber gar nichts zu tun. Batik Keris bewahrt die seit Jahrhunderten tradierten Farben und Muster, wobei die Palette vom Baumwollsarong bis zu edelsten Seidenkleidern reicht. Das Personal in den Geschäften von Batik Keris gibt fachkundig Auskunft über Geschichte und Besonderheiten jenes Textilverfahrens, das seit 2009 zum UNESCO-Weltkulturerbe zählt. In den Touristenzentren, in Malls und sogar am Flughafen finden Sie die Geschäfte. Große Kaufhäuser haben entsprechende Fachabteilungen. Garantierte Qualität zu Festpreisen.
www.batikkeris-indonesia.com

SCHMUCK

Celuk D4

Ein ganzes Dorf im Glanz. In Celuk ist die Kaste der Pande Mas zu Hause: fast ausnahmslos Gold- und Silberschmiede. In den Verkaufsräumen bersten die Vitrinen. Von der Harley Davidson in filigranem Silber bis zum edlen Silberreif: Das Angebot ist endlos. Hinten, in den Werkstätten, wartet ein Zeitsprung ins Mittelalter: offene Feuer, rußgeschwärzte Wände. Es ist heiß und dunkel. Jede Werkstatt nimmt Spezialaufträge an. Bringen Sie Fotos mit, ein Erbstück, Modeschmuck! Berechnet

wird meistens nur das Material, nicht die Anfertigung selbst. Einziger Nachteil: Celuks Popularität. Der Ort ist Teil der Standard Bali-Tour. Regelmäßig kommen Reisebusse. Fahren Sie lieber allein. Dann erzielen Sie bessere Preise und können in den Nebenstraßen die kleinen Familienwerkstätten besuchen.
Gianyar

SOUVENIRS UND KUNSTHANDWERK

Pasar Seni Sukawati E4

Nirgendwo können Sie so günstig kaufen wie hier – vorausgesetzt Sie haben die Nerven zum ausgiebigen Feilschen. Der zentrale Markt für Kunsthandwerk und alles, was unter »oleh oleh« (Souvenir) rangiert, ist Balis Nadelöhr. Hier kommen nicht nur Waren aus allen Ecken der Insel zusammen, sondern auch Feriengäste, balinesische Hausfrauen und Geschäftsleute. Von Bali-Kitsch über Bilder, handgewebte Stoffe und kunstvolle Drachen bis hin zu den Dingen des alltäglichen oder rituellen Bedarfs reicht das Spektrum. Frühmorgens ist die beste Zeit – der erste Kunde erhält den besten Preis, der Verkäufer Glück für den Tag. Fallen Sie nicht auf Touren rein, die zu einem der neuen »art markets« führen. Die schießen überall aus dem Boden und sind nur für Touristen gedacht. Wenn Sie nicht an Sukawati vorbeikommen: Jede Stadt verfügt über einen Markt, der einen Besuch wert ist!
Gianyar | Sukawati | Jalan Raya Sukawati | www.pasarsenisukawati.com | tgl. 8–19 Uhr

Weitere Geschäfte und Märkte finden Sie im Kapitel BALI ERKUNDEN.

Die Silberschmiede im Dorf Singapadu bei Celuk (▶ S. 36) haben gut zu tun. Ihre handgefertigten filigranen Souvenirs stehen bei Touristen hoch im Kurs.

SPORT UND STRÄNDE

Surfen, Schnorcheln und Tauchen stehen ganz oben auf der Hitliste. Noch! Denn Touren per Fahrrad, Wandern oder Rafting werden immer beliebter, weil sich Bali auch im Binnenland von seiner schönsten Seite präsentiert.

Die meisten Besucher zieht es an die langen Strände im Süden. Brandungsbaden ist Trumpf, daneben Wellensurfen. Beim Baden ist wegen hoher Wellen und unberechenbarer Strömungen Vorsicht geboten. Ganz anders im Südosten. Vor Sanur liegt, begrenzt durch das vorgelagerte Riff, ein riesiger tropischer Badeteich. Ideal zum Schwimmen oder Schnorcheln.

GIGANTISCHE WELLEN

Die spektakulärsten **Strände** finden Sie auf Bukit Badung: Weltberühmt und Austragungsort vieler internationaler Wettbewerbe sind die Steilküsten und Felsbuchten in der Nähe von Uluwatu. Gigantische Wellen für Könner. Allein das Zuschauen treibt den Puls hoch. Im Osten sind die Strände fast gänzlich dem Raubbau an den Korallen zum Opfer gefallen.

◀ Der Dreamland Beach auf Bukit Badung zieht viele Surfer (▶ S. 43) in seinen Bann.

Der Norden lockt mit den besten Tauch- und Schnorchelrevieren. Die noch nicht so bekannten Alternativen im Süden heißen Nusa Penida, Ceningan und Lembongan – drei kleine Inseln mit großem Potenzial. Radfahren, Wandern und Trekking in den Vulkangebieten stehen mittlerweile hoch im Kurs. Es gibt **geführte Touren** – vor allem in den Bergen empfehlenswert –, leichtere Strecken sind aber gut auf eigene Faust zu bewältigen. Erkundungen des Binnenlandes sind erlebnisreich bis abenteuerlich, nicht nur wegen der Natur, sondern auch wegen der Begegnungen mit Menschen, die abseits vom Tourismus ihr Dorfleben führen. Wer nichts übrig hat für die Entdeckung der Langsamkeit, dem wird Rafting gefallen. Mit Schlauchbooten geht es die Flüsse hinunter, durch Schluchten, an Wasserfällen vorbei und durch Traumkulissen. Adrenalinkick garantiert. Last not least kommen Golfer auf ihre Kosten. Bali verfügt über einige der schönsten 18-Loch-Plätze der Welt.

FAHRRAD

Wo keine Touristenbusse unterwegs sind und abseits der Standardrouten wartet das unbekannte Bali. Statt Trubel unberührte Natur und intakte Dörfer. Markierte Strecken gibt es noch nicht, aber viele Agenturen wetteifern um Kundschaft und bieten bestens ausgearbeitete Touren an. Sie führen durch herrliche Landschaften, hin zu den schönsten Aussichtspunkten und garantieren unvergessliche Momente. Meist geht es in der Gegend von Ubud los. Die Packages umfassen den Transport zum Startpunkt, die entsprechende Ausrüstung und kompetente Begleitung. Wenn Sie ohnehin einen Standort auf dem Land gewählt haben, können Sie es auch auf eigene Faust versuchen. Etliche Hotels vermieten Fahrräder und geben Tipps für Ausflüge in die Umgebung.

Bali Bike Adventures

Eine gute Kombination: Radeln plus Sightseeing. Auf Nebenwegen geht es zum Muttertempel Besakih, zum Sonnenuntergang nach Tanah Lot oder nach Uluwatu.

Desa Laplapan Ubud | Tel. 03 61/ 9 23 46 27 | www.balibikeadventures.com | Tagestouren ab 45 $, Kinder 30 $, Kindersitz 15 $

Bali Bintang Tours

Abwechslungsreiche Touren. Immer talwärts von Ubud oder vom Lake Batur aus. Dazwischen Stopps für einen Spaziergang durch die Reisfelder, eine Kletterpartie runter ins Flussbett, den Besuch in einem Handwerksbetrieb.

Ubud | Jalan Raya Tampaksiring | Tel. 03 61/98 16 99 | www.balibintangtour.com | Halbtagstouren ab 500 000 Rp., Kinder 300 000 Rp.

Banyantree Biketours

Balinesische Spezialisten mit entsprechender Ortskenntnis. Geboten werden Programme für Anfänger und Familien, aber auch anspruchsvolle Touren. Allesamt sorgfältig geplant und geführt. Banyantree punktet mit seinem Konzept vom sanften Tourismus und vor allem mit den Guides.

Ubud, Desa Sayan | Jalan Jambangan | Tel. 03 61/8 05 16 20 | www.banyantreebiketours.com | Tagestouren ab 65 $, Kinder 40 $, Kindersitz 20 $

GOLFEN

Ob Sie in einem Vulkankrater abschlagen oder hoch über dem Ozean – die Parcours auf Bali sind atemberaubend schön. Zu Recht werben die Clubs mit landschaftlichen Reizen. Einige leider auch mit der Nachbarschaft zu Tempeln. Den Balinesen sind die Clubs ein Dorn im Auge: Sie müssen für ihre Prozessionen oft lange Umwege in Kauf nehmen – und beklagen die enorme Wasserverschwendung.

Bali Golf & Country Club, Nusa Dua D 5/6

18 Bahnen, am Strand entlang und durch die sanften Hänge von Bukit Badung. Abwechslungsreich: Kokospalmenplantagen, Dünen, Süßwasserseen und Reisterrassen. 18-Loch-Championship, Par: 72, Länge: 5886 m.

Nusa Dua | Tel. 03 61/77 17 91 | www.baligolfandcountryclub.com

Bali Handara Kosaido Country Club, Bedugul D 3

Auf einer Höhe von 1142 m, also kühl. Im grünen Hochland ist der Platz eingebettet in einen Vulkankrater. Spektakuläres Panorama. Lange Bahnen, gesäumt von blühendem Hibiskus. 18-Loch-Championship, Par 72, Länge: 6423 m.

Desa Pancasari | Sukasada | Singaraja Bedugul | Tel. 08 15/47 33 25 91 | www.balihandaracountryclub.com

Nirwana Golf Club, Tabanan D 4

An der Südwestküste, in Sichtweite des Tempels Tanah Lot. Ohne Zweifel der schönste Golfcourse auf Bali, aber auch der umstrittenste. 18-Loch-Championship, Par 72, Länge: 6222 m.

Kediri, Tabanan | Jalan Raya Tanah Lot | Tel. 03 61/81 59 00 | www.nirwanabaligolf.com

HIKING UND TREKKING

Nach einer Nachtwanderung oben auf dem Gunung Agung sitzen, bei einem Picknick in die aufgehende Sonne blinzeln und den Weitblick genießen. Oder Sie bewundern den Sonnenaufgang am Rand des Vulkankraters von Gunung Batur – fantastisch! Heiße Quellen, schwarze Lava, Wasserfälle. Bergbesteigungen und Trekking auf Bali sind Abenteuer und Reisen in eine andere Welt. Den Gunung Agung sollten Sie nicht allein besteigen!

Bali Hiking Tour

Spezialist für Gunung Batur. Landschaftlich reizvolle und nicht allzu anstrengende Touren. Zuverlässige Bergführer bringen Sie durch die Caldera, hinauf zum Kraterrand und zu den schönsten Aussichtspunkten. Auch Touren zum Gunung Agung.

Denpasar | Jalan Tukad Yeh Aya IX No 91 | Tel. 0 81/16 14 43 90 oder 0 37/55 89 98 | www.balihikingtour.com

Bali Trekking Tour

Der erfahrenste Veranstalter. Mittelschwere Touren in die Vulkangebiete rund um Gunung Batur. Im Angebot sind auch 3-Tages-Touren, die Ausflüge zu den wichtigen Sehenswürdigkeiten umfassen. Zum Gipfel des Gunung Agung sind zwei Routen möglich: eine über den Besakih (7 Std.), die andere über den Pasar Agung Tempel (4 Std.). Beides nichts für Anfänger.

Ubud | Jalan Raya Gentong | Tel. 03 61/ 8 72 08 38 | www.balitrekkingtour.com

RAFTING

Riesenspaß oder Nervenkitzel? Das hängt von Ihrer Konstitution ab. Balis Flüsse weisen ein beachtliches Gefälle auf und ermöglichen rasante Talfahrten. Es geht durch Canyons, tropische Vegetation und Stromschnellen. Am populärsten ist der Ayung mit seinen langen Abfahrten. Weniger bekannt ist der Telega Waja im Osten mit herrlichem Blick über die Reisterrassen. Die dritte Option ist der Melangit in Klungkung: 30 Stromschnellen, felsige Steilwände, hohes Tempo – nichts für schwache Nerven. Tagestouren ab 35 $/ Person. Das Paket beinhaltet Transport ab Hotel, Ausrüstung, Getränke, Snacks und den Guide.

Bali Rafting Adventure

Beste Beratung. Touren in alle genannten Gebiete. Guter Sicherheitsstandard, die Bootsführer sind Profis. Im Angebot sind auch interessante Packages: Rafting in Kombination mit Elefantenreiten, Spa, Sightseeing etc.

Tel. 03 61/9 11 03 33 | www.baliraftingadventure.com

Radfahren (▶ S. 39) auf Bali ist – zumindest auf den ländlichen Straßen, wie hier entlang der Reisfelder von Tegalalang (▶ S. 98) – ein beschauliches Vergnügen.

Sobek Rafting

Pionier der Rafting-Szene. Der Name steht für Qualität und Sicherheit. Außerdem gehört Umweltbewusstsein zum Konzept. Es gibt hauptsächlich Touren zum Ayung und Telaga Waja. Sobek bietet übrigens neben Rafting auch andere attraktive Programme.

Denpasar | Komplek Ruko | Jalan By Pass Ngurah Rai 257 | Tel. 03 61/72 90 16 | www.balisobek.com

SCHNORCHELN UND TAUCHEN

Abtauchen in fremde Welten, Schnorcheln in Wolken bunter Fischschwärme – die Gewässer um Bali zählen zu den fisch- und artenreichsten auf unserem Globus. Steil abfallende Riffe, Korallengärten in allen Farben, Wracktauchen oder Mantas beobachten. Die besten Reviere liegen im Norden, Osten und um die kleine Inselgruppe bei Nusa Penida.

1 Pulau Menjangan A 2

Balis üppigste Unterwasserwelt. Korallen in allen Farben, bunt bewachsene Abhänge und Steilwände. Schnorcheln und Tauchen bei Sichtweiten bis 50 m! Ein Aquarium. Vom Kugel- bis zum Clownfisch ist hier alles versammelt. Pulau Menjangan untersteht der Verwaltung des Nationalparks. Auf eigene Faust geht nichts. Das Betreten der Insel selbst ist nicht erlaubt, alle müssen vom Boot aus ins Wasser. Und später auch wieder rauf!

Nusa Penida E/F 5

Der Manta-Point. Ob Sie die sanften Riesen von oben beobachten oder in ihrem Schatten tauchen: ein einzigarti-

Abenteuerlich geht es beim Wildwasser-Rafting (▶ S. 41) auf Flüssen wie Telaga Waja oder Ayung River zu. Ein garantiert feucht-fröhliches Vergnügen!

ges Erlebnis. Dieses Revier mit vielen interessanten Spots wird hauptsächlich von erfahrenen Tauchern angesteuert.

Tulamben F 3

Wracktauchen. Das im Zweiten Weltkrieg gesunkene Schiff »Liberty« wurde vollkommen in Besitz genommen von Korallen und Fischen. Bizarre Formationen, eine Wunderwelt. Und ein Highlight auf Bali. Entsprechend viele Taucher und Schnorchel gibt es: Hier brodelt das Meer.

ANBIETER FÜR TAUCH- UND SCHNORCHELTOUREN

North Bali Dive Center

Beste Wahl im Norden. Das Tauchgebiet umfasst 20 Riffe, einige davon noch unberührt.

Tel. 0 81/3 38 65 71 40 | www.northbalidivecenter.com

Bali Diving

Rund um die Insel. Tagestrips, Tauchkurse, Spezialprogramme.

Tel. 03 61/27 07 91 | www.balidiving.com

SURFEN

Gehört auf Bali einfach dazu. Langgezogene Wellen in Kuta oder mächtige Swells auf Bukit Badung – nicht von ungefähr werden auf Bali viele internationale Wettbewerbe ausgetragen. Kuta ist der Hauptstrand für Surfer. Fortgeschrittene können sich nach Uluwatu wagen. An der Südspitze von Bukit Badung donnern die Wellen über das Riff, immer der Felsküste entgegen. Relativ neu ist das Gebiet bei Canggu, am Batu Bolong. Die Wellen sind nicht so steil, brechen allerdings erst kurz vor der felsigen Küste.

STRÄNDE

Bukit Badung D 5/6

Auf der westlichen Seite der Halbinsel dominieren Felsbuchten mit weißen Stränden und zum Teil starker Brandung. Im Osten, bei Nusa Dua ist das Meer ruhiger, bei Ebbe braucht man hier Badeschuhe.

Candi Dasa F 4

Abgesehen von einigen kleinen Badebuchten, die bei Flut meist überspült werden, hat Candi Dasa keine Strände. Die Alternativen sind der südlich gelegene Strand von Manggis und 5 km nördlich der Strand Pantai Pasir Putih.

2 **Kuta/Legian/Seminyak** D 5

Balis Traumstrand ist 9 km lang, hellsandig und sehr breit. Die langgezogenen Wellen werden vor allem von Surfern geschätzt. Beim Schwimmen ist wegen der hohen Wellen und der Strömung Vorsicht geboten.

Lovina C 2

Dunkler Sand, seichte Wellen. Wie überall im Norden ist das Baden und Schwimmen hier sehr sicher.

Sanur D 5

Das der Küste vorgelagerte Riff umschließt die große weißsandige Bucht. Sehr gut zum Schwimmen und für Wassersport – die scharfkantigen Korallen erfordern bei Ebbe Badeschuhe.

Tejakula/Kubu E 2/F 3

Das Meer geht bis an die grünen Uferwiesen, dazwischen ein schmaler Streifen mit schwarzem Kiesel. In Schwimmtiefe gelangt man über sandige Schneisen. Toll zum Schnorcheln!

FESTE FEIERN

Ein Rausch der Farben und Klänge. Stille Prozessionen, lärmende Umzüge, Musik, Tänze und dekorierte Straßen. Bali ist eine Opernbühne in Gestalt einer Insel. Feste gehören zum Alltag, 365 Tage im Jahr.

Die meisten Feste sind religiöser Natur, und fast jedes kreist um **Götter und Dämonen**. An keinem anderen Ort der Welt unternehmen die Menschen mehr, um die einen wohl zu stimmen und die anderen im Zaum zu halten. Feste, Rituale und Zeremonien beherrschen den Alltag bis in den letzten Winkel. Spirituelle Strahlkraft wird der Insel nachgesagt und dass ihr Leuchten sogar den Mann im Mond erreicht. Bali – ein einsam funkelnder Punkt auf unserem Blauen Planeten. Unten auf der Erde hält all das die Menschen ständig in Atem. Nicht nur vor den bedeutendsten Festtagen Galungan, Kuningan und Nyepi bricht Hektik aus, um alle nötigen Vorbereitungen zu erledigen. Galungan – gewidmet der höchsten Gottheit Sangyang Widi – eröffnet im Juli die wichtigste Festperiode auf Bali. Laut Mythologie steigt an diesem Tag der Schöpfer des Universums von seinem Sitz auf dem Gunung Agung zu den Menschen hinab.

◀ Der Neujahrstag Nyepi (▶ S. 46) gehört den Gebeten und in der Nacht der Dunkelheit.

Nyepi ist das balinesische Neujahr. Das Fest ist wesentlich kürzer, zeigt allerdings den mythologischen Kosmos der Balinesen in all seinen Facetten. Das Streben nach **Balance** zwischen Gut und Böse, Göttern und Dämonen kommt in diesen Tagen besonders zum Ausdruck. Für westliche Beobachter faszinierend, dass beide Kräfte ihren festen Platz haben im balinesischen Denkhorizont.

OHNE FESTE GEHT ES NICHT

Jedes Dorf, jeder Bezirk hat zusätzlich eine eigene Agenda. Ganz zu schweigen von privaten Festen, die meist auch die größere Gemeinschaft mit einbeziehen. Eine Übersicht ist so gut wie unmöglich, zumal das Jahr hier nur 210 Tage hat, wodurch sich Feiertage verschieben. In jedem Haus gehört deshalb ein **Festkalender** zur Grundausstattung. Unlesbar zwar für Uneingeweihte, aber allein der Umfang macht klar: Auf Bali gibt es immer einen Grund zum Feiern. Ihr Lieblingskellner ist plötzlich nicht mehr da ist? Keine Sorge! Er ist bestimmt ins Dorf gefahren – »pulang kampung« – zu einem Fest. Für Gäste halten die Touristenbüros einen entschlackten Kalender mit den wichtigsten Terminen bereit.

VERBRENNUNG UNTER FREIEM HIMMEL

Viele Agenturen auf Bali bieten als besondere Attraktion eine Tour zu einer Verbrennungszeremonie an. Erst mit ihr, und oft längere Zeit nach dem physischen Tod, endet der Lebenszyklus des Individuums. Eigentlich ein Freudenfest, weil die Seele endlich vom Körper befreit wird. Für die Familien und die Dorfgemeinschaft – bei berühmten Persönlichkeiten für ganz Bali – ist dieser Tag von herausragender Bedeutung. Die Verbrennung selbst findet unter freiem Himmel statt. Auf einem eigens erbauten Turm wird der Sarkophag platziert und unter zahlreichen Beschwörungsformeln angezündet. Ein spektakuläres Ereignis, zu dem ganze Busladungen von Touristen gekarrt werden. Geschmackssache! Auf jeden Fall sollten sich Fremde immer dezent kleiden und während der Hauptzeremonie ein wenig im Hintergrund halten. Zusätzlich zu den traditionellen Festtagen haben sich in den vergangenen Jahren auch andere Feste etabliert. Sie tragen dem Interesse an zeitgenössischer Kunst, Kultur sowie Musik Rechnung und sind oft aus der Zusammenarbeit zwischen balinesischen und internationalen Künstler entstanden.

BEWEGLICHE FEIERTAGE

Galungan und Kuningan

Für die Balinesen das Fest der Feste! Der Mythologie zufolge kommt an diesem Tag der Schöpfer des Universums mit anderen Gottheiten von seinem Sitz auf dem Gunung Agung zu den Menschen hinunter. Die Götter bleiben zehn Tage, bis sie zum Kuningan-Fest wieder zum Himmel emporsteigen. Während der gesamten Periode finden auf Bali unzählige Zeremonien und Feste statt. Alle Tempel sind reich geschmückt. Jeder Balinese schließt sich einer der großen Prozessionen an, um den Göttern zu opfern. Das sind Tage, an denen Ausflüge zu den großen Tempeln besonders lohnen, aber überall auf der Insel werden Sie der Festtagsstimmung begegnen.
10 Tage

MÄRZ/APRIL

Tawur Kesanga

Überall auf der Insel strömen fackeltragende Menschen zusammen, riesige Puppen werden in fastnachtsähnlichen Umzügen durch die Straßen getragen – Stellvertreter böser Geister, Ausgeburten des Schreckens mit herausquellenden Augen, hängenden Zungen und Zottelmähnen. Monatelang haben vor allem die jungen Balinesen an den Ogoh-Ogoh-Monstern aus Pappmaché gebastelt. Je schrecklicher das Ergebnis, desto besser. Am Abend und als Höhepunkt der Feierlichkeiten geht alles in Flammen auf. Eine spirituelle Reinigung und zugleich die Vertreibung der Dämonen aus dem Paradies, begleitet von ohrenbetäubendem Lärm. Ob Kochtopf oder Bambusrohr: Gefäße aller Art werden geschlagen, was das Zeug hält. Ein kollektiver Exorzismus, geeignet, jeden Dämon in die Flucht zu schlagen. Aber falls sie zurückkommen sollten, werden sie nichts finden, denn Bali verschwindet in dieser Nacht im Dunkel: Nyepi beginnt und damit das Neue Jahr.

Nyepi

Alle Lichter gehen aus. Es ist Nyepi, der Neujahrstag – und man sieht die Hand vor Augen nicht. Rundum Stille, alles wirkt wie leergefegt. Die Radio- und Fernsehstationen haben ihr Programm eingestellt; kein Flugzeug fliegt, kein Streichholz darf brennen, kein Feuer im Ofen. Autos bleiben stehen, und auf den Straßen patrouilliert die Religionspolizei, schwarz-weiß gewandet und nur unterwegs, um das Dunkel zu hüten. In jedem Haus, auch in den Hotels, bleiben Fenster und Türen fest verschlossen. Nicht der kleinste Lichtstrahl darf nach draußen dringen. Nyepi ist das spektakulärste Fest der Balinesen und eines, das auch Gäste sehr intensiv miterleben.
Schon Tage vor Nyepi ziehen große Prozessionen ans Meer, um den dort wohnenden Geistern und Dämonen Opfer darzubringen. Sie sollen besänftigt werden für das kommende Jahr. Daneben werden Willkommenssignale an die Götter gesendet: Überall an den Straßenrändern ragen lange Bambusstangen in den Himmel, reich verziert. Weiße und gelbe Bänder flattern im Wind. Die größten Ogoh-Ogoh-Umzüge finden in Denpasar statt. Am schönsten und ursprünglichsten erlebt man Nyepi in dörflicher Umgebung.
Neujahrstag, Tag nach Neumond während der Tag-und-Nacht-Gleiche

JUNI/JULI

Art Festival in Denpasar

Tänze, Musik und Kunsthandwerk aus allen Teilen Balis im Kulturzentrum UPT Taman Budaya Bali.

Mitte Juni bis Mitte Juli

Denpasar Ost | Jalan Nusa Indah | www.baliartsfestival.com

JULI

International Kite Festival in Sanur

Im Juli wird der Himmel über Sanur zur Bühne. Hunderte lassen dann aufwendig gestaltete Drachen steigen. Aus den Dörfern schleppen die balinesischen Teams ihre Kreationen an den Strand. Die können bis zu 10 m lang sein und sollen die Götter gnädig stimmen für die nächste Ernte.

4 Tage

Sanur Beach | Pantai Padang Galak

AUGUST

Ubud Village Jazzfestival

Seit 2013 gibt es in Ubud auch ein Jazzfestival. Indonesische und internationale Musiker bringen den Ort zum Vibrieren.

2 Tage

Ubud | Arma Museum | www.ubudvillagejazzfestival.com

OKTOBER/NOVEMBER

Writers & Readers Festival in Ubud

Seit 2003 findet alljährlich dieses Writers & Readers Festival statt. Eine zeitgemäße Fortsetzung der schriftstellerischen Tradition, die Walter Spies in den 1930er-Jahren begründete: Hier treffen balinesische Künstler und Autoren auf Kollegen aus aller Welt.

4 Tage

Ubud | www.ubudwritersfestival.com

Ein farbenfrohes Spektakel: Beim International Kite Festival (▶ S. 47) verwandelt sich der Himmel über Sanur in eine Spielwiese für Drachen aller Größen und Formen.

Im Fokus
Die Tänze der Balinesen – Tanz ist Gebet

Der Besuch einer Tanzveranstaltung gehört zu jedem Bali-Urlaub. Unvergessliche Momente, die man auf sich wirken lassen sollte. Ethnologen würden die Hände über dem Kopf zusammenschlagen angesichts der bei jeder Gelegenheit verteilten Handzettel.

Sie sollen zwar ansatzweise erklären, was Besucher sehen werden – die komplexen Zusammenhänge dieser Welt bleiben dem fremden Gast allerdings verschlossen. Ein paar grundsätzliche Dinge sollte man jedoch wissen. Denn Tanz ist auf Bali viel mehr als nur eine Kunstform. Die Tänzer zeigen bei jedem Auftritt, dass sie den Segen der Götter erbitten und dankend annehmen.

GRAZIE UND ANMUT

Allen religiösen Zeremonien und Ritualen gehen Tänze voraus – sie heißen die Gottheiten und die Vorfahren willkommen, die in diesem Moment zu den Menschen herabsteigen. Den Auftakt – und den überirdischen Gästen zum Gefallen – bilden oft Tänze voller Grazie und Anmut. Dazu zählt u. a. der Legong, eigentlich ein weltlicher Tanz, aufgeführt von Mädchen, die die Pubertät noch nicht erreicht haben. Legong darf nur zeremoniell aufgeführt werden, nicht in sakralen Zusammenhängen und

◄ Wie in Trance bewegen sich die Tänzer zum Rhythmus des Kecak (► S. 49).

nie in den inneren Tempelbereichen. Der Legong gehört zum festen Programm in den Touristenzentren.
Die einzelnen Tänze vermitteln immer auch wichtige religiöse und soziale Botschaften. Sie halten die uralten Volksepen Ramayana und Mahabarata lebendig, kommunizieren das Wertesystem, bringen das Gute wie das Böse zur Anschauung und sollen nicht zuletzt erzieherisch wirken. Gut und Böse gelten im Kosmos der Balinesen als gleichwertige Kräfte – es geht daher auch immer darum, sie in Balance zu halten. Bei einer Aufführung – vor allem beim Barong, der oft vor Touristen gezeigt wird – können Sie schnell erkennen, welchen Part die Tänzer jeweils einnehmen. Verfolgen Sie das Ringen der Kräfte! Es fasziniert, wie die Balinesen das Dämonische als Teil ihrer Welt anerkennen, ohne dabei in Schwarz-weiß-Muster zu verfallen. Selbst Barongs Gegenspielerin Rangda, eine furchterregend rachsüchtige Hexe, zeigt sich manchmal von ihrer hilfsbereiten Seite. Ein Balinese sieht im Laufe seines Lebens unzählige Tänze, tausendfach das immergleiche Muster, ein durch Endlosschleife verfestigtes Weltbild und Philosophie.

PERFEKTION IN BEWEGUNG

Tanz ist exakte Körperbeherrschung bis ins kleinste Detail. Jede Fingerbewegung, jedes Augenrollen, die Mimik und die Koordination der einzelnen Gliedmaßen sind genau festgelegt. Eine unfassbare Leistung, all diese Bewegungen isoliert voneinander und gleichzeitig zu bewältigen. Ein Tänzer lernt immer nur einen einzigen Tanz, und zwar von Beginn an nicht etwa in Abschnitten, sondern gleich die gesamte Choreografie. Ein jahrelanges Studium, in dessen Verlauf erst allmählich der individuelle Ausdruck entsteht. Was Touristen so sehr bewundern, wenn sie eine Tanzaufführung besuchen, hat allerdings nichts mit mechanischer Perfektion zu tun: Vielmehr geht es um die transzendentale Qualität des Ausdrucks. Schließlich dient der Tanz in erster Linie der Kontaktaufnahme mit einer anderen Welt. Besonders der bei Touristen beliebte Kecak lässt erahnen, dass das rhythmische Cak-Cak-Cak die Tänzer allmählich in einen Trancezustand versetzt und Türen zu außerweltlichen Sphären öffnet. Tänze, die bei traditionellen Anlässen und in Originalfassung aufgeführt werden, können durchaus beängstigend exorzistische Formen annehmen. Wenn Sie Glück und Zeit haben, können Sie das außerhalb der Touristenorte bei verschiedenen, terminlich nicht vorhersehbaren Anlässen erleben. Aktuelle Informationen gibt es bei den Touristenbüros. Originalaufführungen können ein Erlebnis der besonderen Art sein, sie finden allerdings meist an entlegenen Orten statt, folgen nie einem festen Zeitplan und dauern Stunden. Oft wird für den Beginn erst einmal der richtige Moment abgewartet.

Die für Touristen aufgeführten Tänze sind hingegen berechenbarer, speziell choreografiert und präsentieren meist eine Melange verschiedener Formen. Obwohl das nicht im eigentlichen Sinn authentisch ist, sollte man diese Darbietungen nicht abwerten. Auch sie dienen, wenigstens indirekt, dem Erhalt der Kultur, finanzieren Tanzschulen und verhelfen den Akteuren zu einem Einkommen. Als Zuschauer erhalten Sie einen guten Einblick, mit ein wenig Glück erleben Sie auch echte Könner. Gezeigt werden vor allem Legong, Barong und Kecak.

ANMUT UND SCHÖNHEIT

Legong gilt als Inbegriff von Anmut und Schönheit. Die Tänzerinnen werden schon in sehr jungen Jahren ausgewählt und absolvieren ab dem vierten Lebensjahr ein striktes Training. Perfektion muss schnell erzielt werden, denn mit 14 Jahren endet die Karriere einer Legong-Tänzerin. Auf der Bühne erscheinen die Mädchen in golddurchwirkten Sarongs; Brust und Taille sind fest umwickelt mit prächtigen Bändern, auf dem Kopf tragen sie goldene, mit Blüten verzierte Kronen. Sie stellen Nymphen dar, Geschöpfe voller Unschuld, die mit ihrem Tanz den Göttern erlesene Opfer bringen. Der klassische Legong wurde in den feudalen Palästen von drei Mädchen getanzt, die mit ihren Bewegungen und in wechselnden Rollen Ausschnitte aus traditionellen Epen erzählen. Sehr verbreitet sind die heroischen Romanzen um König Lasem, der Prinzessin Ranjasari für sich gewinnen will, aber unglücklicherweise mit deren Familie Krieg führt. Ranjasari flieht vor Lasem in die Wälder, verirrt sich, wird von Lasem aufgespürt und gefangen genommen. Lasem zieht in die Entscheidungsschlacht gegen Ranjasaris Familie und wird von einem monströsen Raben angegriffen, der ihm den Tod vorhersagt – sehr gute Legong-Tänze werden in Ubud aufgeführt.

DER AFFENCHOR

Kecak ist auch bekannt als der Affenchor aus dem Ramayana-Epos. Er wird in der Regel von mindestens 150 Männern ausgeführt, die – mit nacktem Oberkörper und bekleidet mit schwarz-weiß gemusterten Sa-

rongs – im Kreis sitzen und ein rhythmisches Tschak-Tschaka-Tschak-tschak anstimmen. Die Arme werden dabei in die Höhe gerissen, die Hände flatternd in Bewegung gehalten: Sinnbild für eine der Schlachten aus dem Ramayana, in dem die Affenhorde Wanaras Prinz Rama hilft, den dämonenhaften König Rahwana zu besiegen. Seine Wurzeln hat der Kecak im »Sanghyang«, einem tranceartigen exorzistischen Ritus. Angesichts des vielstimmigen, den einfachen Rhythmus über Stunden haltenden Chores kann man leicht nachvollziehen, dass die Gruppe und auch die balinesischen Zuschauer im »Ernstfall« in Trance geraten.
Am eindrucksvollsten sind die Kecak-Aufführungen, die täglich bei Anbruch der Dunkelheit im Amphitheater neben dem **Uluwatu-Tempel** 4 gezeigt werden.

KAMPF ZWISCHEN GUT UND BÖSE

Barong ist der bekannteste Tanz auf Bali. Allein die gleichnamige Figur lässt Baliherzen schmelzen: ein löwenartiges Wesen mit rotem Kopf, hypnotisierend schwarzen Augen und zwei strahlend weißen Zahnreihen. Barong erscheint süß, liebenswert, aber keineswegs kraftlos. Als guter Geist wacht er über das Leben des Einzelnen – deshalb darf er in keinem Dorftempel fehlen. Es gibt jeweils einen speziellen Raum, in dem er aufbewahrt wird, bis er zum Tanz herausgeholt und von zwei Männern in Bewegung gesetzt wird. Jetzt muss er gegen Rangda antreten. Sofort erkennbar als Verkörperung des Bösen: ein zähnefletschendes, kinderfressendes Ungeheuer und die Anführerin einer ganzen Armee von Dämonen. Erzählt wird die bewegte Geschichte vom immerwährenden Kampf zwischen dem Guten und dem Bösen, den beiden widerstrebenden Kräften, die den balinesischen Kosmos bestimmen. Balinesen sehen in Rangda aber auch die Reinkarnation der Hexe Calon Arang, die im 10. Jh. mittels schwarzer Magie Verderben über Java gebracht haben soll. Weil sie die Mutter des legendären Königs Airlangga ist, käme ihr unter normalen Umständen eine herausragende Rolle zu, sie wird aber verbannt. Nun versammelt sie die Dämonen im Dschungel und sinnt auf Rache. Im Kampf können Airlanggas Truppen nur bestehen, weil Barong ihnen zu Hilfe eilt und mittels eines Zauberspruchs dafür sorgt, dass sie unverletzt die Angriffe des Bösen überstehen.
Bei Airlangga handelt es sich um eine historische Figur, Rangda stammt hingegen aus der Mythologie. Der Barong-Tanz gilt deshalb als klassisches Beispiel, wie auf Bali Mythen und Geschichte ausdrucksstark miteinander verflochten werden.

MIT ALLEN SINNEN

Bali spüren & erleben

Reisen – das bedeutet aufregende Gerüche und neue Geschmackserlebnisse, intensive Farben, unbekannte Klänge und unerwartete Einsichten; denn unterwegs ist Ihr Geist auf besondere Art und Weise geschärft. Also, lassen Sie sich mit unseren Empfehlungen auf das Leben vor Ort ein, fordern Sie Ihre Sinne heraus und erleben Sie Inspiration. Es wird Ihnen unter die Haut gehen!

◀ Pilger beim Bad in den heiligen Quellen des Tempels Tirta Empul (▶ S. 54).

SEHENSWERTES

Tropische Fülle im Botanischen Garten D3

Die nüchternen Daten sind schnell erzählt: An den Hängen des Gunung Pohon, 1300 m hoch und auf einem Areal von knapp 160 ha liegt der Kebun Raya Eka Karya. Seit 1959 dient er Erholungsuchenden und Forschern gleichermaßen. Allein 4000 Orchideenarten beherbergt der Garten. Man muss das erleben: Spaziergänge wie in einem Sommernachtstraum. Nie gesehene Blüten, Farbenpracht. Hunderte verschiedener Hölzer, darunter Baumriesen mit Luftwurzeln, überwucherte Tempel und Lichtungen – überall flattern bunte Vögel und Schmetterlinge. Erkundungen auf eigene Faust sind möglich, vom Gästehaus im Norden führt ein markierter 8 km langer Spa-

zierweg durch die Hügel. Man kann aber auch mit dem eigenen Wagen durch den Park fahren und einen Guide mitnehmen (ca. 16 $), der Erklärungen liefert und die schönsten Spots kennt. Die beste Zeit für einen Besuch ist von April bis Juni, dann stehen die meisten Pflanzen in voller Blüte.

Bedugul | Candikuning, Baturiti | Tel. 03 68/2 03 32 11 | tgl. 8–18 Uhr | www.kebunrayabali.com | Eintritt 18 000 Rp. und ggf. 12 000 Rp. fürs Auto | geführte Touren (s. Homepage)

ESSEN UND TRINKEN

Echo Beach D5

Logenplatz fürs Wellendrama – Näher können Sie dem Meer nicht kommen. Riesige Brecher donnern gegen die Felsküste, es riecht nach Ozean und unendlicher Weite. Die rustikalen Holztische des Open-Air-Restaurants stehen direkt am Küstensaum. Serviert wird, was Sie vorher am Rohbuffet ausgesucht haben: Fisch, Muscheln, Meeresfrüchte, Gemüse und Saucen – alles frisch und herrlich duftend. Der Koch gart es unter den Augen der Gäste im Wok oder auf dem Grill. Beste Zeit: Kommen Sie zum Sonnenuntergang, und genießen Sie später in der Dunkelheit den Sog des Indischen Ozeans.

Canggu | Jalan Pura Batu Mejan | Tel. 03 61/7 47 46 04 | www.echobeachhouse.com | tgl. 9–23 Uhr | €–€€

La Lucciola ▶ Klappe hinten, nördl. a 1

Natürlich im Luxus – Der offene zweistöckige Pavillon direkt am breiten Sandstrand von Seminyak ist kein Geheimtipp mehr. Balinesische Tradition, beste italienische Küche, das ganze Ambiente und die einmalige Lage sind einfach unschlagbar. So etwas spricht sich rum. Beim Sundowner schaut man der Sonne hinterher, zum Hauptgericht setzen Spotlights die Palmen, den Strand und das Meer in Szene. Ein perfekter Platz für Romantiker.

Die beste Zeit für einen Besuch ist kurz vor Sonnenuntergang. Reservieren Sie einen Tisch in den vorderen Reihen!
Seminyak | Jalan Petitenget | Tel. 03 61/ 73 08 38 | tgl. 9–22 Uhr | €€€

WELLNESS

Bali verfügt über die höchste Spa-Dichte weltweit. In nahezu allen Hotels werden Massagen und Wellnessprogramme angeboten. Auch in den kleinen Gästehäusern empfiehlt man Ihnen gern eine »ibu pijit«, die dann aufs Zimmer kommt. Außerhalb der Hotels findet man in den Straßen viele Salons mit unterschiedlichen Angeboten.

Putri Bali ▶ S. 89, b 3

Der Himmel auf Erden. Es geht erst einen kleinen Gang entlang und mitten ins Dorf. Hinter der Tür des Putri Bali

empfängt den Gast ein feiner Duftcocktail aus Sandelholz, Jasmin, Gewürzen. Man macht es sich zunächst auf einem ausladenden Sofa gemütlich. Beim heißen Tee und einem Fußbad werden kleine Fläschchen mit den Aromen unter Ihrer Nase geschwenkt, und Sie suchen Ihre Duftnote aus. Dann geht es los. Ob Gewürzbad, Ayuryoga-Behandlung oder exotische Bali-Massage: Hier können Sie sich richtig fallen lassen. Die Besitzerin dieses traumhaften Salons leitete früher den Spa eines Fünf-Sterne-Hotels. Entsprechend professionell hat sie ihre Mitarbeiter ausgebildet.
Ubud | Jalan Raya Sanggingan | Tel. 03 61/7 80 18 41 oder 0 81/9 36 22 49 44 | tgl. 10–19 Uhr | www.putribalispa.com | kostenloser Shuttle im Raum Ubud | 90 Min. Massage ab 150 000 Rp.

AKTIVITÄTEN

Heilige Quellen E 4

Körper und Seele reinigen. Seit über tausend Jahren pilgern die Balinesen zum Tirta Empul (▶ S. 99). Neben dem Tempel sind die heiligen Quellen die Hauptattraktion. Sie werden von einem der Vulkane gespeist und sollen entstanden sein, als der Gott Indra auf die Erde herabstieg und gegen die Dämonen kämpfte. Das Wasser strömt aus zwölf Fontänen in große Natursteinbecken. Ihm wird eine heilende und die Seele reinigende Wirkung nachgesagt. Bereits am frühen Morgen kommen viele Einheimische zu rituellen Waschungen, sie hinterlassen Tausende von bunten Blüten im Wasser, in dem sich übrigens auch Kois tummeln.
Am Schönsten ist ein Besuch in den frühen Morgenstunden, bevor die Tourbusse kommen.
Tampaksiring | Pura Tirta Empul | tgl. 6–18 Uhr | Eintritt 15 000 Rp., Kinder 7500 Rp. | Sarong oder Schal sind Pflicht
15 km nordöstl. von Ubud

Munduk Wasserfall C 3

Ein verstecktes Juwel. Von Wanagiri aus fährt man Richtung Munduk, passiert zunächst die beiden Seen Buyan und Tamblingan, dann geht es kurz vor Munduk rechts hinunter ins Tal. Jetzt zu Fuß! Sie schaffen das auch ohne einen der Guides. Bester Wegweiser ist der tosende Lärm, den der Wasserfall beim Herabstürzen in die Tiefe verursacht. Der Abstieg dauert ca. 15 Min., führt durch tropisches Gehölz und Kaffeeplantagen. In der Regenzeit kann es hier schon mal rutschig werden. Aber unten angekommen, warten ein Naturbassin und ein Wasserfall inmitten schönster tropischer Vegetation. Hier eine Weile zu sitzen, sich einnebeln lassen von der Gischt, den Waldgeruch atmen und ein kleines Picknick verzehren. Wunderbar!

🕓 Die beste Chance, diesen Platz allein genießen zu können, ist frühmorgens oder gegen Spätnachmittag. Dann so kommen, dass man vor Einbruch der Dunkelheit wieder oben ist.

Munduk | Air Terjun | kleine Eintrittsgebühr | Guide nicht erforderlich

Paon Bali Cooking Class ▶ S. 89, c 5

Die Götter tafeln im Dorf. Erst die Arbeit, dann das Vergnügen? Stimmt nicht. Wayan macht's möglich. Sein Konzept reicht von A bis Z, von der Warenkunde bis zur Kochkunst. Schon der gemeinsame Einkauf auf dem Markt öffnet und betört die Sinne. Hier erlebt man eine Überfülle von Farben und Gerüchen, von exotischem Kochgerät und Zutaten. Zu Hause wird dann zunächst gemörsert, gestampft, geschnippelt. Anschließend gedünstet und gebraten. Eine schweißtreibende Angelegenheit. Die Lehrlinge erfahren viel über die Komplexität der balinesischen Küche und genießen hinterher das Essen umso mehr. Die Morgenklasse beginnt um 8.30 Uhr, die Nachmittagsklasse um 16 Uhr. Eine Reservierung ist ratsam!

Ubud | Desa Laplapan | Tel. 0 81/3 37 93 90 95 | tgl. zwei Kurse, nachmittags ohne Marktbesuch | www.paon-bali.com | Preise 350 000 Rp./Person

Am Munduk-Wasserfall (▶ S. 54) wähnt man sich fast wie im Dschungel. Ein märchenhafter Ort, den man nicht verfehlen kann, wenn man dem Rauschen des Wassers folgt.

Zu Füßen des Vulkans Gunung Batur erstreckt sich der Lake Batur (▶ S. 124).

DER SÜDEN

Kilometerlange Sandstrände, steil ins Meer abfallende Klippen, versteckte Buchten und einige der schönsten Tempelanlagen erwarten den Besucher. Der Süden ist das quirlige Epizentrum des Bali-Tourismus.

Fast alle Balireisen beginnen im Süden, beim Flughafen Ngurah Rai nahe der Inselhauptstadt Denpasar. Die geschäftige Metropole mit mittlerweile 700 000 Einwohnern kann zwar mit einigen Museen und guten Einkaufsmöglichkeiten punkten, aber es ist besser, das lärmende Denpasar zu meiden und die Sehenswürdigkeiten dort lieber vor oder nach einem Strandtag zu besuchen.
Im Südwesten lockt das Surferparadies zwischen **Kuta** 2 und Seminyak mit langen hellen Sandstränden und wunderbarer Brandung. Im Südosten der Badeort Sanur, wo es eher beschaulich zugeht und das der Küste vorgelagerte Riff eine riesige, ozeanische Badewanne umschließt. Am südlichsten Punkt Balis, auf der kargen und gebirgigen Halbinsel Bukit Badung, zeigt die Landschaft ihr dramatisches Gesicht. Hier thront Balis südlichster **Tempel Uluwatu** 4 hoch über dem Meer. Die Ausblicke sind

◀ Die Melasti-Zeremonie am Strand dient der Reinigung geweihter Tempelobjekte.

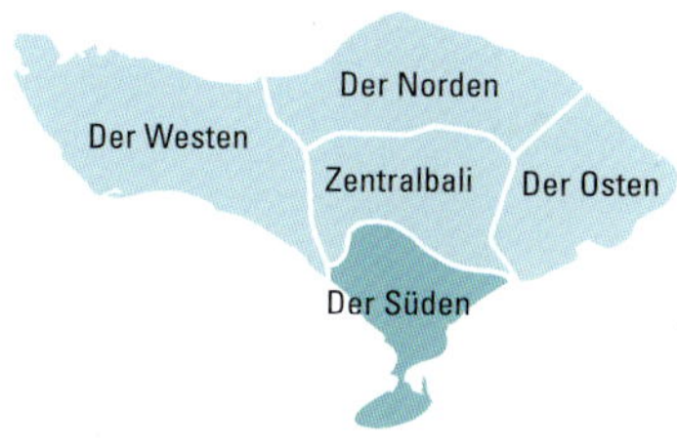

ein Traum, und unten, an der Küstenlinie, warten Felsbuchten auf Entdecker. Auf Bukit Badung konzentriert sich der Tourismus im noblen Nusa Dua. Klasse statt Masse lautet die Devise. Was auch immer das Ziel ist: Die meisten Gäste bleiben nach der langen Reise erst einmal ein paar Tage im Süden der Insel, um sich zu akklimatisieren.

TRAUMSTRÄNDE UND MASSENTOURISMUS

»Ada gula, ada semut« sagen die Balinesen. »Wo es Zucker gibt, da sind auch Ameisen.« Für keine Region auf Bali gilt das so wie für Kuta und die angrenzenden Strandorte. Die ersten Gäste kamen in den 1930er-Jahren. Filmstars, Schriftsteller und Abenteurer entdeckten die Küste. 40 Jahre später folgten die Hippies, dann kam der Massentourismus. Heute sind die Küstenorte Kuta, Legian und Seminyak längst zusammengewachsen. Am Strand stehen die Hotels dicht an dicht, die religiösen Prozessionen finden kaum noch ein Durchkommen und müssen riesige Umwege in Kauf nehmen. Rechts und links der Küstenstraße breitet sich ein unübersehbares Netz von Gassen und Straßen aus. Tausende Shops, Hunderte von Bars, Restaurants und Vergnügungstempel wetteifern auf der Insel der Götter um die Gunst der Gäste. Alles wirkt laut, stickig und grell. Aber nirgendwo sonst auf Bali lässt es sich so gut shoppen, ausgehen und Spaß haben wie hier. Und es gibt sie trotzdem noch, die schönen südseehaften Momente.

DENPASAR

D5

Stadtplan ▶ Klappe hinten

700 000 Einwohner

SEHENSWERTES

1 Pura Jaganatha

Der frühere Reichstempel steht gegenüber dem Puputan-Platz, der an den Kampf gegen die holländische Kolonialmacht und den rituellen Massenselbstmord (▶ S. 116, 140) erinnert. Beim Puputan wurde auch der im 15. Jh. erbaute Tempel zerstört. Der Wiederaufbau dauerte über hundert Jahre. Der Tempel ist Sanghyang Widi, der höchsten Hindu-Gottheit, geweiht. Bei Voll- und Neumond werden spezielle Zeremonien abgehalten.

Jalan Sudirman | tgl. 9–17 Uhr | Eintritt 25 000 Rp.

MUSEEN UND GALERIEN

2 Museum Negeri Propinsi Bali (Bali Museum)

Artefakte, Antiquitäten, Architektur: Das Museum bewahrt balinesische Kultur und zeigt deren Fülle und Reichtum. Ob Steinskulpturen, Wayangfiguren oder Stoffe: Die Originale schärfen den Blick für billige Kopien, die für gewöhnlich in den Touristenzentren verkauft werden. Das Museum wurde unter holländischer Regie – und mit Unterstützung des deutschen Malers Walter Spies – errichtet und besteht in der heutigen Form seit 1932. Die einzelnen Gebäude auf dem Gelände orientieren sich am klassischen Stil und geben einen Überblick über die traditionelle Bauweise in den einzelnen Regionen. Der zentrale Pavillon ist den Palastbauten in Karangasem (Ostbali) nachempfunden.

Am Nachmittag ist es hier meist leer, und wenn man Glück hat, bespielt das Personal gerade das Bambus-Gamelan.

Jalan Let Kol Wisnu | Tel. 03 61/22 26 80 | Sa–Do 8–16, Fr 8–12.30 Uhr | Eintritt 10 000 Rp., Kinder 5000 Rp.

EINKAUFEN

3 Pasar Badung

Balis größter Markt! Nie gesehene Früchte, Berge von Gewürze. Ein Rausch der Farben und Gerüche. Dazu das temperamentvolle Feilschen. Für die Balinesen Alltag, für Touristen Exotik pur. Küchenutensilien und Haushaltsgegenstände runden das Angebot ab. Wetten, dass Sie beim Rundgang mindestens einmal über den Platz in Ihrem Koffer nachdenken?

Zwischen Jalan Gajah Mada und Jalan Sulawesi | tgl. 5–20 Uhr

KULTUR UND UNTERHALTUNG

3 UPT Taman Budaya Bali – Kulturzentrum

Lebendige Kultur, Bildende Kunst, klassische Architektur und bewusst gesetzte Akzente gegen die Verwässerung der Tradition. Das Areal ist riesig, beherbergt Werkstätten, Ausstellungsräume, mehrere Bühnen und ein Amphitheater mit 7000 Plätzen. Manchmal sieht man junge Balinesen bei ihren Tanzproben.

Denpasar Ost, ca. 1,5 km vom Zentrum | Jalan Nusa Indah | Tel. 03 61/24 77 22 | Mo–Do 8–15, Fr 8–13 Uhr | Eintritt frei

KUTA, LEGIAN UND SEMINYAK

D5

Karte ▶ S. 61

Das Leben in **Kuta** bewegt sich zwischen Strand, Kaufrausch und Party. In den Straßen geht es eng und bunt zu, Staus sind ein Dauerthema. Abends wird erst geschlemmt, dann bis zum Morgengrauen gefeiert. Ein paar kleine Oasen mit Bali-Flair haben den Ansturm zwar überstanden, aber wer Schönheit sucht, ist weiter im Norden besser aufgehoben. In **Legian** und **Seminyak**, bis hin nach **Petitenget** und **Kerobokan** wird die Bebauung lockerer mit mehr Raum für Gärten, Ruhe und Gelassenheit. Die ruhigeren Strände laden zu langen Spaziergängen ein – am besten immer nordwärts! Kleiner Wermutstropfen: Während der Regenzeit, besonders im Januar und Februar, wird jede Menge Plastikmüll an die Küste gespült. Hauptattraktion ist und bleibt der **Strand von Kuta** 2. Am frühen Morgen sind die Jogger unterwegs, vereinzelt auch Fischer – ihnen folgen die Sonnenanbeter und Surfer.

Kuta, Legian, Seminyak
Seminyak
Legian Kaja
Abian Timbul
Legian
Pelasa
Kuta
Kuta Bay
Legian Beach
Kuta Beach
Strand von Kuta
Biasa Art Space
Mata Gallery
BNI Bank
Police
Super-market
Mads Lange Tomb
Jl. Braban
Jl. Kaya Aya
Jl. Lasmana Oberoy
Gg. Kahyangan
Jl. Sari
Jl. Drupadi
Jl. Raya
Jl. Sunset
Jl. Kunti I
Dewi
Jl. Plawa
Jl. Caplak Tanduk
Jl. Camplung Tanduk
Jl. Double Six
Jl. Seminyak
Jl. Arjuna
Jl. Nakula
Jl. Werkudara
Jl. Legian
Jl. Kresna
Jl. Sri Rama
Jl. Padma
Jl. Padma Utara
Jl. Pantai Legian
Jl. Dewi Sri
Jl. Saha-deva
Jl. Melasti
Jl. Lebak Bene
Jl. Sriwijaya
Jl. Patih Jelantik
Jl. Patimura
Jl. Majapahit
Jl. Benesari
Jl. Pantai Kuta
Jl. Mataram
Jl. Poppies II
Jl. Poppies I
Jl. Raya Kuta
Jl. Tegal Wangi
Jl. Bakungsari
Jl. Kartika
Jl. Blambangan
Kuta
750 m
© MERIAN-Kartographie

Richtig belebt wird es kurz vor 18 Uhr. Dann kommen auch die Einheimischen. Alles richtet den Blick auf die Horizontlinie, wo der spektakuläre Sonnenuntergang erwartet wird. Fliegende Händler verkaufen Getränke und Snacks. Junge Balinesen treffen sich zu Ballspielen oder zum Musikmachen – es ist die Stunde, in der die balinesische Welt noch in Ordnung ist.

MUSEEN UND GALERIEN

1 Biasa Art Space

Zeitgenössische Kunst auf hohem Niveau. Hier hat man ein Auge für junge Talente und Trends: Das Konzept umfasst auch Restaurierungen und viel beachtete Ausstellungen.

Seminyak | Jalan Raya Seminyak 34 | Tel. 03 61/8 47 57 66 | Mo–Fr 11–19, Sa 13–18 Uhr | www.biasaart.com

2 Mata Gallery

Wer hauptsächlich Bali-Kunst sucht, ist hier richtig. Die Galerie bietet einen guten Überblick über die Qualität der jungen balinesischen Szene. Monatlich wechselnde Ausstellungen.

Legian | Jalan Basang Kasa 215 | Tel. 03 61/73 72 43 | Eintritt frei

ÜBERNACHTEN

3 The Green Room

Entspannt – Der coolste Platz für junge Leute. Surfer-Camp mit dem Charme einer Wohngemeinschaft. Traditionelle Bungalows, Pool, offenes Restaurant. Hotel und Surfschule engagieren sich für Umwelt und soziale Projekte.

Seminyak | Jalan Abimanyu 63B | Tel. 03 61/73 14 12 | www.thegreenroombali.com | 23 Zimmer, 4 Bungalows | €

Ein Besuch des riesigen Marktes Pasar Badung (▶ MERIAN TopTen, S. 60) in Denpasar mit seiner Vielfalt an Farben, Formen, Gerüchen und Genüssen regt alle Sinne an.

4 Le Jardin

In Strandnähe – Villen für Familien in einer ruhigen Seitenstraße. Edle Ausstattung mit Küche, eigenem Pool, je zwei Zimmern und »Bales« (eine Art Pavillon). Ideal gelegen zwischen dem Trubel von Seminyak und der edlen Hotel- und Restaurantszene von Petitenget.
Seminyak | Jalan Sarinande 7 | Tel. 03 61/73 01 65 | www.lejardinvillas.com | 11 Villen | €€€–€€€€

Wollen Sie's wagen?

Wer ein wenig Mut und Kondition mitbringt, kann von Kuta, Legian oder Seminyak eine lange Strandwanderung zum Tanah Lot unternehmen. Der Hinweg dauert ca. 4 Std., es wird zunehmend dörflich. Also: Trinkwasser einpacken! Zwei kleine Flüsse müssen durchwatet werden. Vorsicht, in der Regenzeit können die kräftig anschwellen! Wer frühmorgens aufbricht, erlebt den Tempel gegen Mittag noch einigermaßen ruhig. Beim Tanah Lot stehen tagsüber Taxen und Kleinbusse für den Rückweg.

5 The Legian

Luxus pur – Das einzige »Leading Hotel« auf Bali, direkt am Strand. Die Suiten sind elegant und großzügig gestaltet. Auf den großen Terrassen, alle mit Meerblick, kann man wunderbar auf »daybeds« relaxen, ebenso am Pool. Einmaliger, sehr dezenter Service.
Seminyak | Jalan Kayu Aya | Tel. 03 61/73 06 22 | www.ghmhotels.com | 79 Suiten | €€€€

6 Legian Beach Hotel

Haus mit Tradition – Beste Strandlage, ein 4 ha großer Garten – das ist absolut selten in der Gegend. Bungalows, der moderate Hotelkomplex mit den günstigeren Zimmern und die Pools fügen sich zu einem schönen Gesamtbild. Hier regiert »Tri Hita Karana«, das balinesische Konzept der Balance. Umweltbewusstsein und Nachhaltigkeit inklusive.
Legian | Jalan Melasti | Tel. 03 61/75 17 11 | www.legianbeachbali.com | 118 Bungalows, 100 Zimmer | ♿ | €€€

7 Oberoi

Der Klassiker – Immer noch eines der schönsten Hotels auf Bali und der Beweis, dass Eleganz und entspanntes Savoir vivre vereinbar sind. Einmalige Lage, weiß gedeckte Tische direkt über dem Sandstrand. Neben dem Pool ein kleines Amphitheater, wo wöchentlich traditionelle Tänze gezeigt werden.
Seminyak | Jalan Kayu Aya | Tel. 03 61/73 03 61 | www.oberoihotels.com/hotels-in-bali/ | 60 Zimmer, 15 Villen | €€€€

8 Poppies Cottages ▸ S. 24

9 Puri Cendana

Angemessene Preise – Gemütliche Anlage mit Pool und schönem Garten, 150 m vom Strand entfernt.
Seminyak | Jalan Camplung Tanduk | Tel. 03 61/73 29 47 | www.puricendanaresortbali.com | 24 Zimmer | €–€€

10 Sarinande

Gemütlich und günstig – Das kleine Hotel im alt-indonesischen Stil liegt 150 m vom Strand entfernt in einer ru-

higen Seitenstraße. Shops, Restaurants, Unterhaltung sind nah. Pool, Restaurant und sehr persönliche Atmosphäre.
Seminyak | Camplung Tanduk | Jalan Sarinande 15 | Tel. 03 61/73 03 83 | www.sarinandehotelbali.com | 26 Zimmer | €–€€

ESSEN UND TRINKEN

RESTAURANTS

11 Bambu

Im Trend – Die Besitzer des am Strand gelegenen La Lucciola (▶ S. 53) setzen hier auf heimische Hausmannskost und einen neuen Trend. Und der junge Küchenchef Nyoman Suasa beherrscht die Spezialitäten des gesamten Archipels. »Jackfruit«-Curry aus Java? Fleischgerichte aus Timor? Oder Fisch à la Sulawesi? Alles auf internationalem Niveau und erstklassig, genau wie die Atmosphäre. Reservierung erforderlich!
Petitenget | Jalan Petitenget 198 | Tel. 03 61/8 46 97 97 | www.bamboorestaurant.com | tgl. 18–24 Uhr | €€€

12 Bikku

Authentisch – Altjavanisches Haus, gute indonesische Gerichte, dazu Keroncong-Livemusik. Ein Treffpunkt auch für Einheimische.
Seminyak, Kerobokan | Jalan Petitenget 888 | Tel. 03 61/8 57 08 88 | tgl. 11–24 Uhr | €–€€

13 B.O.B. – Best Of Bali

Stylish – Eine gastronomische Erlebniswelt zwischen Vintage und hochmodernem Stil. Von Shisha bis Cocktails, von der Tapas-Bar auf dem Dach bis zum japanischen Grillrestaurant, dem indonesischen Kaffeehaus und zahlreichen anderen Kulinarika finden Sie alles. Das B.O.B. hat 670 Sitzplätze und ist drinnen wie draußen in verschiedene Zonen unterteilt.
Petitenget | Jalan Petitenget 27C | Tel. 03 61/4 74 11 22 | tgl. 12–2 Uhr | €€–€€€

14 Chez Gado Gado

Grandiose Lage – Große Terrasse unter Bäumen, direkt am Strand. Gehobene Küche, fantasievolle asiatisch-internationale Fusionen. Abends und zum Sonnenuntergang besonders schön.
Seminyak | Jalan Camplung Tanduk 99 | Tel. 03 61/73 69 66 | tgl. 9–23 Uhr | www.gadogadorestaurant.com | €€€

15 Poppies Restaurant ▶ S. 29

16 Ryoshi

Mit musikalischer Untermalung – Das älteste japanische Restaurant am Platz. Beliebter Szene-Treff. Verarbeitet werden nur frische, lokale Produkte. Unten sitzt man gemütlich auf Bodenkissen, im ersten Stock spielt Livemusik, vor allem Jazz.
Seminyak | Jalan Raya Seminyak 15 | Tel. 03 61/7 31 52 | www.ryoshi.com | €€

17 Zibiru

Gutes Preis-Leistungs-Verhältnis – Romantisch und abseits vom Rummel. Italienische Küche mit frischer Pasta, Carpaccio, Limoncello. Alles rund!
Seminyak | Jalan Drupadi 7 | Tel. 0 82/2 36 63 13 02 | www.zibiru.com | €€

CAFÉS UND BARS

18 Cafe Moka ▶ S. 28

19 Ku De Ta

In diesem Beach Club mit Kultstatus tischen auch mal Asiens Sterneköche

Das Restaurant Ku De Ta (▶ S. 64) rangiert in der Gastroszene des Landes ganz oben. Die Strandbar mit den bequemen Daybeds gehört zu den populärsten auf ganz Bali.

auf. Der Club ist legendär, das Publikum kosmopolitisch. Zum Sonnenuntergang liegt man auf weichen Betten, chillt bei guter Musik. Später wird gefeiert.
Seminyak | Jalan Kayu Aya 9 | Tel. 03 61/73 69 69 | tgl. 10–1 Uhr | www.kudeta.net | €€€–€€€€

20 Mannekepis

Das Jazz & Blues Bistro serviert belgisches Bier und internationale Küche, die Gäste kommen hauptsächlich wegen der Livemusik. Beliebt bei Einheimischen und Touristen.
Seminyak | Jalan Raya Seminyak 2 | Tel. 03 61/8 47 75 85 | www.mannekepis-bistro.com | tgl. 10–1 Uhr | €

21 The Straw Hut

Gelungene Mischung aus Café, Bar und Restaurant abseits der Touristenpfade. Indonesier und internationales Publikum treffen sich in entspannter Atmosphäre: bei gutem Essen, raffinierten Cocktails und Livemusik (Letzteres meist zweimal in der Woche).
Seminyak | Jalan Sari Dewi 17 | Tel. 03 61/73 67 50 | So–Do 7.30–23, Sa 7.30–1 Uhr | www.thestrawhut.com | €–€€

Sonnenuntergang am Strand von Legian/ Seminyak

Bei wolkenlosem Himmel erwartet Touristen wie Einheimische nach 18 Uhr ein Schauspiel in allen Farbschattierungen von Orange bis Lila. Wenn die Sonne hinter der Horizontlinie verschwunden ist, applaudiert das Publikum (▶ S. 12).

STRANDBARS

Am Strand von Seminyak, nördlich der Jalan Double Six, haben sich einige semi-permanente Strandbars angesiedelt. Betont einfach. Bis zum Spätnachmittag herrlich ruhig. Zum Sonnenuntergang werden »fatboys« (Sitzsäcke) ausgelegt, und es spielen Bands. Zu dieser Zeit der beliebteste Treffpunkt am ganzen Strand. Empfehlenswert zum Essen ist das »Chiringuito«, guter Grillfisch und original Holzofenpizza (€–€€).

EINKAUFEN

KUNST UND KUNSTHANDWERK

22 Folkart Gallery Bali

Antiquitäten, Kunsthandwerk aus ganz Asien. Die Galerie ist spezialisiert auf Statuen, Musikinstrumente, Textilien und Schmuck.

Seminyak, Jalan Laksmana 17B | www.folkartgallerybali.com | tgl. 10–19 Uhr

23 Kody and Co.

Kunst und Pop, Deko und Design: eine Augenweide für Freunde des Ausgefallenen. Erschwingliche Preise.

Seminyak | Jalan Kayu Cendana C003 | tgl. 10–21 Uhr

MODE

24 Biasa

Der Klassiker für Modefans. Leichte Stoffe. Italienisches Design tropisch gewendet.

Seminyak | Jalan Raya Seminyak 36 | www.biasabali.com | tgl. 9–21 Uhr

SHOPPING MALLS

25 Beach Walk

Die neue Mall direkt am Strand von Kuta ist eine echte Alternative zu Shoppingzentren wie der Discovery Mall. Die Bauweise mit verschiedenen Rundgängen bietet immer wieder Ausblicke aufs Meer. Rund 200 Shops und viele Restaurants, dazu regelmäßig Kino- und Kulturprogramme.

Kuta | Jalan Pantai Kuta | www.beachwalkbali.com | tgl. 10–23 Uhr

26 Discovery Mall

Shoppen, Essen und Entertainment unter einem Dach. Viele Boutiquen, auch europäische Designer. Dazu alles von Surfermode bis Interior. Tipp: Drei Optiker fertigen Markenbrillen zu Bestpreisen an.

Kuta | Jalan Kartika Plaza | www.discoveryshopingmall.com | tgl. 9–21 Uhr

27 Matahari Department Store

Traditionshaus alten Stils. Von Kleidung über Haushaltswaren und Kunsthandwerk gibt es alles zu Festpreisen.

Kuta | Kuta Square | tgl. 9–21 Uhr

AKTIVITÄTEN

28 Waterbom Bali

Der gepflegte Wasserfreizeitpark mit Rutschen, künstlicher Lagunenlandschaft, Strömungsfluss und Gastronomie ist ein Spaß für die ganze Familie.

Kuta | Jalan Kartika Plaz | www.waterbom-bali.com | tgl. 9–18 Uhr | Eintritt 400 000 Rp., Kinder 250 000 Rp.

WELLNESS

29 Jari Menari

Spitzenqualität. Es massieren nur Männer. Schönes Ambiente.

Seminyak | Jalan Raya Basangkasa 47 | www.jarimenari.com | tgl. 9–21 Uhr | Behandlung ca. 385 000 Rp.

30 Saka

Heilmassagen, die ihren Namen verdienen. Viel mehr als Wellness. Die Aufmachung ist schlicht und einfach, die Behandlungen super.

Legian | Jalan Melasti 116 | www.sakahealingcenter.com | tgl. 9–23 Uhr | Preise ab ca. 120 000 Rp.

SERVICE

AUSKUNFT

Bali Government Tourist Information Centre

Legian | Jalan Bana Sari 7 | Tel. 03 61/75 40 90

Ziele in der Umgebung

BALI SAFARI & MARINE PARK

E 4

Mehr als ein Zoo! Ein riesiger Abenteuerpark. Es lohnt sich, einen ganzen Tag dort zu verbringen und viele Shows zu erleben. Besonders attraktiv sind die Nachtprogramme. Elefantenritte und Fotoshooting mit Orang-Utans.

Gianyar | Jalan Prof. Dr. Ida Bagus Mantra, km 19,8 | Tel. 03 61/94 00 00 | www.balisafarimarinepark.com | Mo–Fr 9–17, So 8.30–17 Uhr | Eintritt ab 55 $, Kinder 45 $, je nach Umfang der Buchungen bis zu 145/115 $

BUKIT BADUNG

D 5/6

Südlich vom Flughafen führt ein Isthmus auf die Halbinsel Bukit Badung. An der schmalsten Stelle und einer etwa 4 km langen Bucht kommt man zunächst durch das ehemalige Fischerdorf Jimbaran – heute ein recht quirliger Ort, der von den Gästen vor allem wegen seiner berühmten Fischrestaurants am Strand und der schönen Boutiquehotels geschätzt wird.

Die Halbinsel selbst ist gebirgig, von Natur aus eher karg, aber um die Hotels herum wurden üppige Parks angelegt. Auf Bukit Badung dominiert diskreter Luxus, das hat natürlich seinen Preis. Nusa Dua bietet zahlreiche noble Hotels, wirkt allerdings wie ein Ferienghetto. Ein wenig landestypischer ist die angrenzende Halbinsel **Tanjung Benoa**. Ganz im Süden thront hoch über dem Meer auf einem steil abfallenden Kliff der wunderschöne Tempel **Pura Luhur Uluwatu** 4. Die Steilküste und die abenteuerlichen Surfspots Bingin Beach, Impossible Beach und Padang Padang Beach ziehen Surfer aus aller Welt an. Entsprechend informell und erschwinglich ist das touristische Angebot.

SEHENSWERTES

4 Pura Luhur Uluwatu

Zählt zu den sechs Reichstempeln auf Bali und gilt als Heiligtum Rudras, einer Erscheinungsform Shivas, die über die südwestliche Himmelsrichtung herrscht. Der Tempel in der Nähe des Dorfes Pecatu markiert den südlichsten und zugleich spektakulärsten Punkt der gesamten Insel. Im Jahr 976 wurde er in schwindelerregender Höhe über dem Meer bis an die äußerste

Grenze des Kliffs gebaut. Der Felsen, der sich wie der riesige Bug eines Dampfers ins Meer schiebt, verkörpert für Balinesen das Stein gewordene Schiff von Dewi Danu, der Göttin des Meeres und der Seen. Der Mythologie zufolge kam sie übers Wasser, um gemeinsam mit der Gottheit Mahadewa die Bergregion zu beherrschen. Zunächst führt eine steile Treppe hinauf zum Vorhof, durch das gespaltene Tor und den mittleren Hof gelangt man in den Innenhof. Über dem letzten Durchgang zum Innenhof Jeruan sehen Sie einen unheimlichen Kala-Kopf mit herausgestreckter Zunge und ohne Unterkiefer. Wer hier hindurchgeht, tritt gleichsam ein in den geöffneten Rachen des Dämonen. Tore und Mauerwerk des Tempels sind auch sonst überreich verziert mit den Dämonenfratzen Karang Kala und Karang Bentulu. Als eine der Hauptattraktionen Balis gehört dieser Tempel zum klassischen Tourprogramm.

🕓 Kommen Sie morgens, dann teilen Sie die Schönheit des Tempels nur mit den vielen halbwilden Affen, die überall herumturnen. Ab dem Mittag wird es voll, vor allem weil im Amphitheater traditionelle Tänze gezeigt werden.

MUSEEN UND GALERIEN

Museum Pasifika

Das größte Kunstmuseum Balis zeigt Werke aus Asien und dem gesamten pazifischen Raum: darunter Artefakte, zeitgenössische Kunst, aber auch Arbeiten europäischer Künstler wie Adrien-Jean le Mayeur oder Roland Strasser, die durch ihre Aufenthalte auf Bali nachhaltig inspiriert wurden.

Das Meeresheiligtum Pura Luhur Uluwatu (▶ MERIAN TopTen, S. 67) thront auf einem Steilfelsen, rund 100 m über dem Indischen Ozean.

Nusa Dua | Complex Bali Tourism Development Corporation, Area Blok P | www.museum-pasifika.com | tgl. 10–18 Uhr | Eintritt 70 000 Rp., Kinder frei

ÜBERNACHTEN

Alila Villas Uluwatu ▶ S. 24

Anantara Bali Uluwatu Resort

Geniale Lage – An den dramatischen Klippen und über dem Impossible Beach kleben die Zimmer wie Bienenwaben. Die Aussicht ist fantastisch, der Stil minimalistisch luxuriös. Auch das Restaurant überzeugt.

Uluwatu | Jalan Labuan Sait | Tel. 03 61/8 95 75 55 | www.anantara.com | 74 Zimmer | €€€€

The Astari Villa & Residence

Angemessene Preise – Kleine Anlage in Strandnähe, schön gestaltet und in die Landschaft eingebettet.

Jimbaran | Jalan Karang Mas Sejahtera, Kencana Selatan 1 | Tel. 03 61/8 95 20 65 | www.theastari.com | 10 Zimmer, 4 Suiten, 4 Villen | €€

Ayana Resort & Spa

In Bestlage – Die Position oberhalb der Steilküste ist unschlagbar, der Meerblick spektakulär, das Hotel preisgekrönt. Die Rock Bar am Kliff schwebt zwischen Himmel und Meer. Zum Strand führt eine Treppe hinab.

Jimbaran | Jalan Karang Mas Sejahtera | Tel. 03 61/70 22 22 | www.ayanaresort.com | 78 luxuriöse Pool-Villen | €€€€

Balangan Seaview Bungalows

Entspannt – Beliebt bei Surfern und Familien. Die Anlage im Westen von Bukit Badung liegt auf einem Kliff über dem Meer. Alang-Alang gedeckte Bungalows, auch für Familien gut geeignet. Schöner Swimmingpool, nahe bei den Surferstränden.

Bukit Badung | Jalan Pantai Balangan 2, Cengiling, Jimbaran | Tel. 03 61/7 80 04 99 | www.balanganseaviewbungalows.com | 6 Bungalows, 25 Zimmer | €

Sundowner in der Rock Bar von Jimbaran

Sie schweben 14 m über dem Meer, unten branden große Wellen gegen die Felsen. In der Bucht von Jimbaran hängt Balis spektakulärste Bar über der Steilküste und setzt sich den Naturgewalten aus. Und über Ihnen nichts als der weite Himmel (▶ S. 12).

Exclusive Bali Bungalows

Gutes Preis-Leistungs-Verhältnis – Die Bungalows liegen schön am Strand von Bingin. Angenehme Atmosphäre, balinesisches Flair. Und überdies ein idealer Standort für Surfer.

Uluwatu | Jalan Bingin | Tel. 03 61/8 95 74 48 | www.exclusivebalibungalows.com | 7 Bungalows | €€–€€€

Jamahal Private Resort & Spa

Ein Traum – Nicht direkt am Strand, dafür Romantik und Verwöhnatmosphäre pur. Geschmackvolle Villen, schöner Garten, Pools und ein sehr persönlicher Service. Nachmittags Kaffee, Tee und Gebäck am Pool.

Jimbaran | Jalan Uluwatu 1 | Tel. 03 61/70 43 94 | www.jamahal.net | 8 Villen | €€€–€€€€

Kubu Garden

Familiär – Das kleine familiäre Hotel liegt am Übergang zu Tanjung Benoa, und ist nur wenige Minuten vom Strand entfernt. Der Pool vom benachbarten Hotel Bhagawan – mit Meerblick – kann mitbenutzt werden, wenn man dort etwas verzehrt.

Nusa Dua | Jalan Pratama, Gang Guntur 6 | Tel. 03 61/8 49 86 30 | www.kubugarden.com | 5 Zimmer | €

The Laguna Bali

Luxuriös – Noch erschwinglich für diese Kategorie. Die Anlage liegt direkt am Meer in einem tropischen Garten und besteht aus Hotels und Bungalows.

Nusa Dua | Kawasan Parawisata Lot N2 | Tel. 03 61/77 13 27 | www.thelagunabali.com | 287 Zimmer | €€€–€€€€

ESSEN UND TRINKEN

GARKÜCHEN

Balis Fischmarkt ▶ S. 28

RESTAURANTS

Bebek Bengil

Traditionell – Das indonesische Kettenrestaurant ist spezialisiert auf typisch balinesische Entengerichte.

Nusa Dua | Nusa Dua Resort Area, direkt am Strand hinter Bali Collection | Tel. 03 61/8 94 81 11 | www.bebekbengil.net | tgl. 11–23 Uhr | €€–€€€

Bumbu Bali

Authentisch – Höchste Kochkunst, vollführt vom Schweizer Spitzenkoch von Holzen und seinem balinesischen Team. Fantastische Reistafel.

Benoa | Jalan Pratama | Tel. 03 61/77 45 02 | tgl. 11.30–23 Uhr | €€

Restaurant Cire

Im Hotel Alila Villas – Luxus, atemberaubende Kulisse und Sterne-Küche. Zugegeben, das Hotel ist teuer, aber ein Abendessen zum Schlemmen lohnt!

Uluwatu, Pecatu | Jalan Belimbing Sari | Tel. 03 61/8 48 21 66 | tgl. 17–23 Uhr | €€€€

EINKAUFEN

Bali Collection

Ein künstliches Shopping-Dorf im Park mit fast 200 Shops. Boutiquen, Kunsthandwerksläden, Supermärkten.

Nusa Dua | www.bali-collection.com | tgl. 10–22 Uhr

Jenggala Keramik Bali

Auf Schnäppchen dürfen Sie in diesem Traditionshaus nicht hoffen. Dafür sind hier all die feinen Keramikobjekte zu finden, die in den Luxushotels die Tische zieren.

Jimbaran | Jalan Uluwatu II | www.jenggala.com | tgl. 8–20 Uhr

SANUR

D5

46 400 Einwohner

Liegt im Südosten, ist seit den 1940er-Jahren als Feriendomizil etabliert und ein wenig angegraut. Abgesehen vom 10-stöckigen Grand Bali Beach Hotel ein gemütlicher Ort, der wie Nusa Dua vor allem von Pauschaltouristen frequentiert wird. Auf einer 5 km langen Strandpromenade schlendert ein überwiegend europäisches Publikum vorbei an tropischen Gärten, kleinen Cafés und Restaurants. Das der Küste vorgelagerte Korallenriff bricht die Wellen, vom grobkörnigen Strand watet man in eine Art ruhigen Binnensee, der auch bei Wassersportlern beliebt ist.

MUSEEN UND GALERIEN

Le Mayeur Museum

Benannt nach dem belgischen Maler Adrien-Jean Le Mayeur (1880–1958). Er kam 1932 nach Bali, verliebte sich in die Legong-Tänzerin Ni Pollok und blieb. Das Paar baute das wohl erste Haus im Bali-Style. Es ist im Originalzustand erhalten und dient heute als Museum, in dem neben den impressionistischen Werken Le Mayeurs auch indonesische Kunstschätze und Antiquitäten ausgestellt sind.
Jalan Hangtuah | Tel. 03 61/28 62 01 | So–Fr 7.30–15.30 Uhr | 10 000 Rp.

ÜBERNACHTEN

Griya Santrian

Individueller Charme – Hotelanlage am Strand mit bezauberndem tropischen Garten, der sich zum Meer hin öffnet.
Jalan Danau Tamblingan 47 | Tel. 03 61/ 28 81 81 | www.santrian.com | 94 Zimmer | €€€

Tandjung Sari

Das Traditionshaus – Direkt am Strand, mit hübschem Garten und feinen Bungalows. Indonesische Künstler kommen gern hierher. Die Besitzer gründeten 1987 eine Stiftung zur Erhaltung der balinesischen Kultur und betreiben u. a. eine Tanzschule für Kinder.
Jalan Danau Tamblingan 41 | Tel. 03 61/ 28 84 41 | www.tandjungsari.com | 25 Bungalows | €€€€

ESSEN UND TRINKEN

RESTAURANTS

Bamboo Bar & Lounge

Laisser faire – Das frisch aufgemöbelte Restaurant eignet sich besonders für faule Nachmittage. Man schaut in einen Himmel voller Bambus, genießt leckere Snacks und Fruchtcocktails.
Jalan Danau Tammbligan | Tel. 03 61/ 28 80 11 | tgl. 9–22 Uhr | €€

Café Batu Jimbar

Beste Stimmung – Alles wohlschmeckend und bio. Serviert wird auf der großen Terrasse. Zu Livemusik tanzen Einheimische und Gäste.
Jalan Tamblingan 75A | Tel. 03 61/ 28 26 33 | www.cafebatujimbar.com | tgl. 7.30–23 Uhr | €€–€€€

Mezzanine Bar & Restaurant

Romantisch – Asiatisch und internationale Gerichte. Getafelt wird u. a. auch auf der Außenterrasse, die vor allem abends eine schöne Atmosphäre hat. Das beliebte Restaurant gehört zum Santrian Hotel.
Jalan Cemara 35 | Tel. 03 61/28 80 09 | www.santrian.com | tgl. 18–23 Uhr | €€–€€€

Sand Beach Club & Restaurant

Viel Flair – Morgens ein herrlicher Platz zum Frühstücken, abends bei Kerzenschein zum Cocktail. Fisch und Meeresfrüchte sind gut und günstig.
Jalan Danau Tamblingan 27 | Tel. 03 61/ 28 29 09 | tgl. 9–23 Uhr | €

Ziele in der Umgebung

In Sanur und Nusa Dua werden oft Touren auf die Schildkröteninsel **Serangan** (D5) angeboten. Sie enden meist mit einer Enttäuschung. Von Sanur aus starten aber auch die meisten lohnenswerte Bootsausflüge auf die Inseln **Nusa Penida** (E/F 5) und **Lembongan** (E5).

DER WESTEN

Raue Küsten, ungezähmte Wildnis, schöne Tauchgebiete und Reisterrassen, die bis in die Vulkanregionen in allen Grüntönen leuchten. Der Westen ist ein noch weitgehend unbekanntes Juwel für Individualisten.

Im Südwesten schlagen hohe Wellen an Strände und Felsen. Das Grün der Felder reicht bis ans Meer, Wasserbüffel ziehen ihre Runden, und in den Dörfern geht es noch ursprünglich zu. Abseits der Küste lohnen Ausflüge in die Kulturlandschaft der Reisterrassen und die Nebelwälder um Batukaru. Richtung Norden wird es einsam, die unüberwindlichen Berge und der Nationalpark Taman Nasional Bali Barat rücken näher.

SCHWARZ, GRÜN UND BLAU

Schwarze Strände, grüne Vegetation, tiefblaues Meer – das ist die Farbskala des Nordwestens. Das Meer und die Menschen strahlen Gelassenheit aus. Es gibt nur wenige Hotels, die meisten liegen an der langen Bucht des Fischerdorfes Pemuteran. Wer hierher kommt, sucht Ruhe oder die spektakulären Taucherlebnisse rund um **Pulau Menjangan** 1.

◄ Von Wellen umtost, von Schlangen bewacht: der Tempel Pura Tanah Lot (► S. 73).

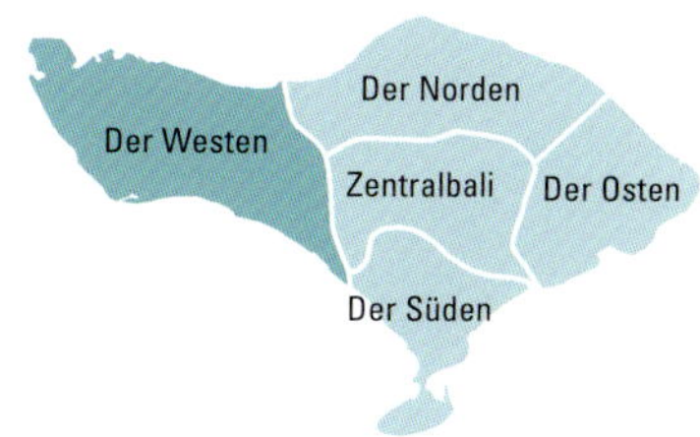

Schnorchler und Taucher schwärmen von einer faszinierenden Unterwasserwelt mit steil abfallenden Riffen und schillernden Meeresbewohnern sowie einem auf Naturschutz angelegten Tourismus.

DER SÜDWESTEN

Im Südwesten, rund um Canggu und die Strände Batu Bolong, Echo Beach, Pantai Pererenan, Pantai Selasih und Pantai Seseh entsteht ein neues Urlaubsgebiet. Wegen der beachtlichen Wellen wird die Gegend vor allem bei jungen Surfern immer beliebter. Wirklich dörflich geht es dagegen weiter nördlich zu. Die – noch – entlegenen Strände bei Suraberata und Pekutatan sind herrlich in die Hügellandschaft eingebettet. Wunderschön, aber auf die klassischen Unterhaltungsprogramme muss man verzichten können zugunsten von Entdeckungstouren.

CANGGU, SURABERATA UND PEKUTATAN D5–B4

SEHENSWERTES

Pura Tanah Lot D5

Der am Meer liegende Tempel ist das Postkartenmotiv schlechthin. Gebaut wurde er im 16. Jh. aufgrund einer Eingebung des Hohen Priesters Bau Rau, der zuvor eine Nacht auf dem umtosten Felsenriff vor der Küste meditiert hatte und hier einen spirituellen Fixpunkt ausmachte. Ein Schrein mit dreistufigem Meru und ein Opferpavillon erinnern an ihn. Der größere fünfstufige Meru symbolisiert den Sitz der drei großen Gottheiten Brahma, Vishnu und Shiva. Der Innenbereich des Tempels ist nur Gläubigen zugänglich. In den Felshöhlen rundherum wohnen die Tempelwächter: giftige Schlangen. In einer der Höhlen entspringt eine Quelle, rund um die Uhr gehütet von Brahmanen – gegen eine Spende wird Besuchern erlaubt, sich Hände und Gesicht mit dem heiligen Wasser zu benetzen. Die meisten Touristen kommen zum Sonnenuntergang – ein zweifelhaftes Vergnügen, weil sich dann Tausende auf den Aussichtsterrassen drängen.

Eintritt 10 000 Rp. plus ggf. Parkgebühren
6 km nordwestl. von Canggu

ÜBERNACHTEN

Gajah Mina Beach Resort C4

Top-Lage – Weiter nördlich am Balian Beach. Errichtet auf dem Kliff mit fantastischem Blick übers Meer. Pavillons mit privater Atmosphäre, Restaurant, Pool und ein schöner Spa-Bereich mit Panoramafenstern: alles stilvoll einfach. Das idyllische Suraberata wirkt wie ein Feriendorf aus vergangener Zeit mit kleinen Gästehäusern und Warungs. Der Transport zu den Haupt-

stränden im Süden ist trotz der geringen Entfernung schwierig, weil die einzige Verbindungsstraße chronisch überlastet ist.
Suraberata | Lalang Linggah, Selemadeg | Tel. 0 81/3 81 16 30 | www.gajahminaresort.com | 12 Pavillons | €€

Kubu Balian Beach Bungalows
C 4

Familienfreundlich – Das einfache Resort liegt oberhalb des Strandes und hat kein hoteleigenes Restaurant. Lecker und günstig isst man dafür auf dem lebendigen Nachtmarkt in Suraberata. Am malerischen Hang über dem Balian Strand gibt es zahlreiche lokale Warungs und Cafés.
Suraberata | Tel. 0 81/5 58 61 50 61 | www.kububalian.com | 4 Bungalows, 1 Familienhaus mit 3 Zimmern | €

Puri Dajuma Cottages
B 4

Ein Solitär – Das Öko-Resort liegt auf einer Landzunge, umgeben von zwei Stränden, in einem tropischen Garten. Der von Surfern geschätzte Strand Pantai Medewi liegt in unmittelbarer Nähe. Eine perfekte Adresse für ruhige Ferientage; in der Gegend um das Dorf Pekutatan gibt es ansonsten keine nennenswerte touristische Infrastruktur. Bei Exkursionen in die Region unterstützt Sie das Management. Das Resort ist ideal für alle, die Touren in den Nationalpark oder nach Negara planen, aber trotzdem nicht auf Strand und Meer verzichten mögen.
Negara | Pekutatan | Tel. 03 65/4 70 01 18 | www.dajuma.com | 18 Bungalows | €€

Tugu Bali ► S. 25

Der Nationalpark Bali Barat (► S. 77) im Nordwesten Balis reicht bis ans Meer heran. In seinen Wäldern leben Hirsche, Affen und mehr als 160 Vogelarten, darunter der gefährdete Bali-Star.

ESSEN UND TRINKEN

Eine nennenswerte Restaurant- und Cafészene gibt es nur in Canggu (D 5). Weiter im Norden ist man angewiesen auf lokale Warungs, örtliche Nachtmärkte oder Hotelrestaurants.

RESTAURANTS

Café Cous Cous

Vegetarisch – Fernost trifft hier auf die arabische Welt. Eine wunderbare Mixtur der Gewürze und Atmosphären. Gekocht wird vegetarisch, allein das Frühstück lockt Gäste aus der ganzen Gegend ins Haus. Die Lage in den Reisfeldern von Umalas sorgt für den Rest: Gepflegte Entspannung bei gesundem Essen ist hier Trumpf.

Canggu, Umalas | Jalan Bumbak | Tel. 03 61/75 09 98 | Mo–Fr 8–19, Sa, So 8–15 Uhr | €€

Deus ex Machina

Originell – Das einem Fahrrad- und Mopedladen nebst Werkstatt angegliederte Bistro erfreut sich vor allem bei jungen Leuten großer Beliebtheit. Kleine Gerichte, indonesisch und international.

Canggu | Jalan Batu Mejan 8 | Tel. 03 61/36 8 33 95 | www.deuscustoms.com | tgl. 7–23 Uhr | €–€€

Tugu Restaurant

Stilvoll – Unter einem riesigen »Bale«, umgeben von Antiquitäten und einer fast privaten Gastfreundschaft lässt es sich fürstlich tafeln. Ob Reistafel, historische Mahlzeiten oder international: alles bestens.

Canggu, Tugu Hotel | Jalan Pantai Batu Bolong | Tel. 03 61/4 73 17 01 | www.tuguhotels.com | tgl. 7–23 Uhr | €€€

CAFÉS UND BARS

Betelnut Café

Beliebtes kleines Lokal mit lockerer Atmosphäre. Hier dominieren Wraps, Burger und gesunde Säfte.

Canggu | Jalan Batu Bolong 60 | Tel. 0 81/21 46 80 72 33 | tgl. 9–21.30 Uhr | €

Monsieur Spoon

Das Ladencafé besticht mit richtigem Baguette, Croques und Sandwiches. Der Hit sind die feinen Kuchen und kleinen Törtchen.

Canggu | Jalan Batu Bolong 55 | Tel. 0 87/8 62 80 88 59 | www.monsieurspoon.com | tgl. 8–19 Uhr | €€

Old Man's

Am Strand von Batu Bolong lebt das alte Bali-Feeling wieder auf. Die jungen Surfer sorgen für die lockere Atmosphäre, die Küche für Travellerkost zu zivilen Preisen, der musikalische Mix für Stimmung. Am Wochenende spielen Livebands. Dann ist hier richtig was los, gefeiert wird bis in die Nacht.

Canggu | Jalan Pantai Batu Bolong | Tel. 03 61/8 46 91 59 | So–Do 7–22 Uhr, Fr, Sa 7 bis open end | €–€€

ÜBERNACHTEN

Ngeluwungan Villa

Gut organisiert – Die kleine Anlage mit schön eingerichteten Zimmern liegt einige Minuten vom Strand entfernt in den Reisfeldern. Fahrradtouren, Spa, Yoga, Angeln: Alles kann für Gäste organisiert werden.

Canggu, Pererenan | Jalan Pantai Pererenan 99 | Tel. 0 81/3 53 20 11 06 | E-Mail: ngeluwunganvillas@gmail.com | www.ngeluwunganvillas.com | 6 Zimmer | €–€€

Trend zum Ferienhaus 

Nördlich von Canggu und besonders rund um Pererenan (D5) etabliert sich allmählich eine neue Form von Tourismus. In der sattgrünen, schon ein wenig hügeligen Landschaft entstehen seit einiger Zeit kleine Resorts und Villenkomplexe. Entlang der Jalan Pantai Pererenan finden Sie etliche solcher Unterkünfte in den Reisfeldern. Alle verfügen über Pool und schöne Gartenanlagen. Zum Strand sind es nur wenige Minuten.

Ein typisches Beispiel für Qualität und günstige Preise: Ngeluwungan Villa (▶ S. 75). Im Bali Street Atlas von Periplus (▶ S. 146) finden Sie die Namen vieler anderer Resorts. Sie sind meistens viel billiger, als die Bezeichnung Villa ahnen lässt.

Ziele in der Umgebung

BÜFFELRENNEN IN NEGARA

A3

Ein Wagenrennen der Extraklasse. Wer die Wasserbüffel hier und da schon bei der gemächlichen Feldarbeit gesehen hat, wird seinen Augen nicht trauen: Die Rennstrecke bewältigen die geschmückten Tiere, angefeuert vom johlenden Publikum, im Höchsttempo. Zwischen Juli und Oktober, an jedem zweiten Donnerstag, wird der kleine Ort Perancak in der Nähe von Negara zum Austragungsort des Riesenspektakels, das die Götter belustigen und freundlich stimmen soll. Nicht nur Geschwindigkeit, auch Schönheit und Eleganz der Gespanne sind ein Bewertungskriterium. Termine können das Bali Government Tourism Office in Denpasar oder Ihr Hotel nennen.

88 km nordwestl. von Canggu

PURA TAMAN AYUN

D4

Der Tempelbau wurde 1634 durch Raja I Gusti Agung Anom veranlasst; der Tempel liegt mitten in einem aufgestauten Flussteil. Die Schreine weisen auf die Verbindung zu den wichtigsten Berg- und Meerheiligtümern hin, stellen aber auch die Beziehung zu historischen Ereignissen und weltlichen Mächten her. Der Reichstempel der Rajas von Mengwi gilt als ein Beispiel für den balinesischen Denkhorizont, in dem Mikro- und Makrokosmos sich gegenseitig spiegeln und der Mensch die kleinste mikrokosmische Entsprechung des Weltalls darstellt.

Mengwi | Jalan Ayodya | tgl. 8–17 Uhr | Eintritt 15 000 Rp.

17 km nördl. von Canggu

TABANAN

D4

12 000 Einwohner

Die Provinzhauptstadt liegt wunderschön inmitten der Reislandschaft. Ein kleiner Spaziergang lohnt. Am östlichen Ortsrand stoßen Sie auf das Museum »Subak«, ein Reismuseum. Hier werden das »Subak«-System und das komplizierte Konzept für die Bewässerung der Felder anschaulich gemacht.

Sanggulan | Tel. 03 62/7 01 39 99 | vorher anrufen, da keine regelmäßigen Öffnungszeiten | Eintritt 10 000 Rp.

ÜBERNACHTEN

Bali Mountain Retreat

Tolle Lage – Herrlich eingebettet in den tropischen Wald. Viele Gäste bleiben länger wegen der tollen Workshops und des Yoga-Retreats.

Br. Biyahan, Wanagiri | Tel. 0 82/83 60 26 45 | www.balimountainretreat.com | 12 Bungalows | €€

Negara im Westen Balis ist bekannt für seine Wasserbüffelrennen (▶ S. 76), bei denen es die festlich geschmückten Tiere auf Geschwindigkeiten bis zu 60 km/h bringen.

Sarinbuana Eco Lodge

Empfehlenswert – Gleich neben dem Bali Mountain Retreat bietet die Lodge in 700 m Höhe am Fuß des Berges schöne traditionelle Häuser, dazu organische Küche und Naturpools. Yoga und Massagen. Viele Aktivitäten wie Trekking, Mountainbiking, Bird Watching oder Besuche bei den Affen. Aufregend sind die geführten Nachtwanderungen durch den Nebelwald.

Br. Biyahan, Wanagiri | Jalan Arjuna | Tel. 0 87/8 61 76 57 41 | www.baliecolodge.com | 5 Bungalows/Familienhäuser für 5 Personen | €€–€€€

Ziele in der Umgebung

◎ TAMAN NASIONAL BALI BARAT

A/B 1

Regenwälder, trockene Savanne, Mangroven, eine bizarre Bergwelt und Korallengärten vor der Nordküste. Der Nationalpark bietet all das, dazu ein breites Spektrum an Flora und Fauna. Im letzten Jahrhundert durchstreiften das Gebiet noch Tiger. Heute begegnet man mit Glück der Zibetkatze, häufiger Wildrindern, Hirschen und Affen. Hunderte von Vogelarten sind im Park heimisch, darunter der Bali-Star, für dessen Erhalt der Park überhaupt erst eingerichtet wurde. Der maritime Teil des Parks und die Halbinsel Prapat Gunung sind von Labuhan Lalang aus zu erreichen. Für Erkundungen der Bergwelt bietet sich der Zugang über Cekik (in der Nähe von Negara) an.

Parkverwaltung Cekik: Jl Raya Cekik–Gilimanuk | Tel. 03 65/6 10 60 | www.tnbalibarat.com | tgl. 7.30–17 Uhr
103 km nordwestl. von Tabanan

◎ REISTERRASSEN VON JATILUWIH ★5 D 4

Nördlich von Tabanan-Stadt führt in Megati eine holprige Dorfstraße über Gunung Salak und Wanagiri ca. 15 km hinauf in die Berge und ins Innere der balinesischen Reiskammer. Es geht durch eine überbordende Kulisse mit Dörfern, Flüssen und Feldern. Hier ist Bali noch so, wie es auf unzähligen Postkarten verewigt wurde. Der Gunung Batukaru mit seinen Nebelwäldern und das Panorama der Reisterrassen sind Highlights. Die Jatiluwih-Terrassen zählen zu den ältesten auf Bali und zum UNESCO-Weltkulturerbe. Aber die kurze Entfernung täuscht. Wegen der schlechten Straßen ist es sinnvoll, eine oder zwei Nächte in einem Resort am Berg zu bleiben und die Gegend in Ruhe zu erkunden.

45 km nordwestl. von Tabanan

◎ PURA LUHUR BATUKARU D 3

Eine halbe Stunde dauert der Marsch durch den Nebelwald, dann zeigen lianenumschlungene Baumriesen an, dass das Ziel erreicht ist. Angesichts der unwirklichen Szenerie kann man sich gut vorstellen, dass der Platz, bevor der aufs 11. Jh. datierte Tempel gebaut wurde, als Kultstätte diente. Das Heiligtum der Dynastie von Tabanan ist dem Gott des Wachstums und der Fruchtbarkeit geweiht. Neben dem Tempel führt der Weg durch einen wilden Park zu einem See. Pura Luhur Batukaru gehört nicht zum Standardprogramm für Touristen. Die Regeln werden streng eingehalten: Schwangere Frauen und kleine Kinder haben keinen Zutritt. Ins Allerheiligste dürfen nur Gläubige.

Tgl. 8.30–17 Uhr | Eintritt 15 000 Rp., Schärpe und Sarong gegen Spende
22 km nördl. von Tabanan

DER NORDWESTEN

Dunkle Strände, Korallengärten, hervorragende Tauchreviere und die Insel **Pulau Menjangan** ★1 warten auf der Nordseite der Gebirgskette. Das Meer schwappt sanft an die Küste, morgens fahren die Fischer mit ihren Auslegerbooten hinaus, und wenn sie am Vormittag zurückkommen, kann man Fangfrisches fürs Abendessen direkt am Strand kaufen.

PEMUTERAN B 2

9900 Einwohner

In Pemuteran, dem einzigen Badeort, teilen sich Fischerfamilien und nette Hotelanlagen die gleiche Bucht. Hier geht es ruhig und ursprünglich zu. Man sieht – anders als in den Touristenhochburgen – allerdings auch, unter welch kargen Bedingungen die Fischer ihr Leben fristen.

ÜBERNACHTEN

Matahari Beach Resort

Juwel – Das einzige Luxushotel in der Gegend liegt etwas außerhalb von Pemuteran an einem eigenen Strand.

Wunderbarer Garten, Dinieren mit Gamelan-Musik und Blick aufs Meer. Das Restaurant gilt als eine der ersten Adressen für Feinschmecker.
Jalan Raya Seririt | Tel. 03 62/9 23 12 | www.mataharibeachresort.com | 27 Bungalows | €€€€

Taman Sari Pemuteran

Traditionshaus mit Flair – Das Hotel mit angeschlossener Tauchstation war einer der Ausgangspunkte für das mittlerweile weltberühmte Projekt zum Schutz und Wiederaufbau der Korallengärten. Direkt vor dem weitläufigen Gelände mit schönen Bungalows, Spa, Pool und Restaurant liegt der Strand.
Jalan Raya Seririt | Tel. 03 62/9 32 64 | www.tamansari.com | 25 Bungalows, 20 Zimmer | €€–€€€€ (je nach Ausstattung)

Taman Selini

Tropenidyll – Direkt am Meer mit herrlichem Garten und schönen Bungalows. Auf den großzügigen Terrassen stehen Tagesbetten für einen Mittagsschlaf unterm Moskitonetz. Der Pool liegt direkt am Strand, gleich nebenan das offene Restaurant.
Dusun Pemuteran | Jalan Seririt | Tel. 03 62/9 47 46 | www.tamanselini.com | 14 Bungalows | €€–€€€

Taruna Homestay

Familiär – Kleine Anlage mit allen Standards wie Pool, Garten, Spa und Restaurant – aber zu günstigen Preisen. Das Taruna liegt nicht unmittelbar am Strand (ca. 5 Gehminuten entfernt).
Jalan Raya Gilimanuk | Tel. 0 85/2 38 23 13 00 | http://tarunahomestaypemuteran.com | 10 Zimmer | €–€€

Um zum Heiligtum Pura Luhur Batukaru (▶ S. 78) an den südlichen Ausläufern des Vulkans Batukaru zu gelangen, bedarf es eines halbstündigen Fußmarsches durch den Nebelwald.

Zauber der Unterwasserwelt: Ein Traum für jeden Wassersportler ist ein Tauchgang zu den spektakulären Korallenriffen rund um Pulau Menjangan (▶ MERIAN TopTen, S. 80).

ESSEN UND TRINKEN

RESTAURANTS

Frangipani

Authentisch – Schönes offenes Restaurant mitten im Kampung. Viele typisch balinesische Gerichte, die sonst auf keiner Karte stehen. Auf Bestellung wird »Bebek Betutu« vorbereitet, in Bananenblättern geschmorte Ente, eine traditionelle balinesische Köstlichkeit, deren Zubereitung sehr aufwendig ist.

Jalan Arjuna, gegenüber dem Hotel Selini | Tel. 0 81/3 38 41 86 68 | www.frangipanirestaurant.com | tgl. 11–22 Uhr | €€

Warung Prapat Sari

Günstig und gut – Einfaches, familiäres Restaurant abseits der Hauptstraße in einem schönen Garten. Sehr gute balinesische Küche.

Pemuteran | Jalan Taman Sari | Tel. 0 81/3 38 41 86 68 | tgl. 11–22 Uhr | €

Ziele in der Umgebung

◎ PULAU MENJANGAN 1

A 2

Die Korallenriffe rund um die kleine Insel sind einzigartig. Bei Sichtweiten von über 50 m gerät der gesamte Reichtum der Unterwasserwelt ins Blickfeld. Als Schnorchler schweben Sie über der

Riffkante und fühlen sich dabei fast wie im Hochgebirge. Unter Ihnen ein Rausch der Farben und Formen. Hier hat schon mancher die Zeit vergessen und die Sonne, die im Nacken brennt. Die besten Bedingungen herrschen in der Trockenzeit und in den Morgenstunden. Schon die 30-minütige Überfahrt von Labuhan Lalang aus ist wegen des hohen Wellengangs alles andere als langweilig.

Die Insel Menjangan selbst gilt den Balinesen als Heiligtum. Sie darf weder bebaut noch bewohnt werden. Dessen ungeachtet plant ein Investor aus Jakarta ebendort die Errichtung eines Ferienresorts. 2015 wurde bereits mit den Arbeiten begonnnen. Die Provinzregierung von Buleleng und ein breites Bündnis der Zivilgesellschaft setzen sich gegen das Vorhaben zur Wehr, müssen aber hilflos mit ansehen, wie das Projekt weiter vorangetrieben wird. Ein weiterer Stein des Anstoßes im ohnehin komplizierten Verhältnis zwischen Bali und der Zentralregierung in Jakarta. Wenn keine Regelung gefunden wird, dürfte es bald vorbei sein mit der herrlichen Ruhe rund um Pulau Menjangan.

Eintritt 30 000 Rp. | Ausflüge nur mit Guide erlaubt
Ca. 10 km nordwestl. von Pemuteran

◎ PURA PULAKI  A 2

Das Meeresheiligtum klebt förmlich an den scharfkantigen Felswänden östlich von Pemuteran und wird nur von Affen bewohnt, die bei den Einheimischen ebenfalls als heilig gelten. Der Legende nach ist der Tempel das plastische Überbleibsel in einem Umfeld, das 1846 unsichtbar wurde. Damals landeten die ersten Holländer in Westbali und wollten das Territorium von Buleleng einnehmen. Verteidiger und Angreifer setzten auf schwarze Magie, der Kampf blieb unentschieden, und die balinesischen Truppen zogen sich nach Pulaki zurück. Als die Holländer auf Rat eines kollaborierenden Zauberpriesters eine mit einer Leiche gefüllte Granate auf die Verteidiger abschossen, wurden Land und Leute ringsum unsichtbar und blieben es bis heute. Dass die Gegend immer wieder durch unerklärliche Schiffsuntergänge und Flugzeugabstürze von sich reden macht, hält die Legende von der unsichtbaren Landschaft höchst lebendig.

3 km östl. von Pemuteran

Wollen Sie's wagen?

Alle Hotels und Tauchschulen bieten organisierte Touren an. Man kann aber auch allein versuchen, nach Labuhan Lalang zu kommen. Auf der Hauptstraße verkehren regelmäßig die lokalen Kleinbusse in Richtung Gilimanuk. Man erkennt sie an der roten Farbe und gibt Handzeichen, dass man mitfahren will. Einsteigen, Fahrtziel Labuhan Lalang nennen, dann irgendwie mit der Enge zurechtkommen. Schüler, Passagiere mit riesigen Flechtkörben und Markteinkäufen, gern auch mal ein paar lebende Tiere – die Fahrt ist ein kleines Abenteuer, aber man wird sie bestimmt an der richtigen Stelle absetzen. Für die Überfahrt nach Pulau Menjangan muss man dann vor Ort einen Guide anheuern.

Im Fokus

Die Reisterrassen – Balinesische Philosophie

Göttliche Ordnung, gemeinschaftliches Handeln und Spiritualität bilden auf Bali eine untrennbare Einheit. Sichtbarster Ausdruck dafür sind die Reisterrassen. Sie verkörpern »Subak« und den Kern balinesischer Philosophie.

Die Balinesen kehren dem Meer traditionell den Rücken. Ihr Blick ist seit Jahrtausenden ausgerichtet auf die Berge. Dorthin, wo die Quellen des Wassers liegen und der Ursprung allen Lebens. Hier begann im 9. Jh. die Kultivierung der Insel. Immer im Einklang mit der Natur, nach ausgeklügelten Regeln und mit dem Segen der Götter.

GUNSTBEWEIS DER GÖTTER

Reis gilt als Geschenk der Götter, und dass Bali im Jahr drei Ernten einfahren kann – mehr als irgendwo sonst auf der Welt – darf schon als besonderer Gunstbeweis gelten. Was über alle Zeiten bestens funktionierte, gerät durch den Tourismus zunehmend unter Druck.
Ein Gebirge aus kunstvoll arrangierten Terrassen und zugleich die »Himmelstreppen der Götter«. Ein Meer aus Grün. In allen Schattierungen.

◀ Reis (▶ S. 82) gilt auf Bali als Geschenk der Götter und wird dreimal im Jahr geerntet.

Hier und da dunkle Wasserflächen, in denen sich Wolken oder Palmen spiegeln. Dazwischen schmale, grasbewachsene Erdwälle, durch die winzige Bäche fließen. Ein paar Enten, die der Bauer mit einem langen Bambusstock vorsichtig nach Hause treibt. Unser Bild vom Bali-Paradies. Und das alles hat System!

Von den Hängen der Vulkane fallen die Reisterrassen zunächst steil ab, dann in sanften Wellen bis in die Küstenebenen. Auf einer Fläche von 20 000 ha wird Reis angebaut, unterteilt in fünf große, zusammenhängende Terrassengebiete. Jede dieser Reisterrassen hat im Zentrum ihren eigenen Wassertempel. Er ist Ausgangspunkt für eine gemeinschaftliche Bewirtschaftung, die in feinsten Verästelungen das gesamte Gebiet überzieht. Schon seit dem 11. Jh. managen die Netzwerke der Wassertempel sowohl die Ökologie der Felder als auch die gerechte Verteilung der Ressourcen.

BALANCE ZWISCHEN NATUR UND MENSCH

Von Beginn an achteten die Balinesen auf den Ausgleich zwischen Nutz- und Naturflächen. Sie verfügten offenbar über tieferes Wissen, kannten den Zusammenhang von Kahlschlag und Erosion und achteten darauf, dass die tropischen Nebelwälder im Hochland intakt blieben. Daneben entwickelten sie ein ausgeklügeltes System, mit dem die Bewässerung der Felder planbar wurde. Jeder Bauer, jedes Dorf sollte – unabhängig von Status und Vermögen – zu seinem Recht kommen. Eine zivilisatorische Leistung allerersten Ranges und bis in die Gegenwart eine tragfähige Antwort auf die Herausforderungen des Bevölkerungswachstums. Angesichts der weitläufigen, zum Teil zerklüfteten Landschaft wirkt es fast wie Zauberwerk, dass das Wasser aus den Bergen jedes noch so entfernte Feld erreicht und gute Ernte garantiert.

Verantwortlich für den reibungslosen Ablauf sind die insgesamt 1200 Wasserkollektive Balis, in denen je nach Größe 40 bis 500 Bauern organisiert sind. Sie überlegen gemeinsam, wie Flussläufe, Kanäle, Tunnel und Teiche genutzt werden können, um sämtliche Felder zu bewässern. Eine Wissenschaft für sich, die auch westlichen Experten Respekt abnötigt. Entscheidender aber sind die sozialen und gesellschaftlichen Voraussetzungen, die das Jahrtausendprojekt erst ermöglichten. Ohne Vertrauen, ohne eine grundsätzliche Akzeptanz gemeinschaftlich aufgestellter Regeln und den ständigen Austausch über sie wäre ein System wie

»Subak« kaum denkbar. In ihm hat der sprichwörtliche Gemeinschaftssinn der Balinesen seinen Ursprung – verbunden mit der Einsicht, dass der Einzelne auf die Gruppe angewiesen ist und sich nur aus ihr heraus verwirklichen kann.

DIE SEELE DER GEMEINSCHAFT

Die gemeinsame Bewirtschaftung der Reisterrassen ist auf Ausgleich und Harmonie bedacht. Sie muss aber auch anpassungsfähig bleiben, in ihren Formen immer wieder neu verhandelbar, ohne dass die Eckpfeiler ins Wanken geraten. Die Rückbindung ans Dorf und seine Gemeinschaft spielen dabei eine wichtige Rolle. Auch die jungen Balinesen, die einen Job in den Touristengebieten der Arbeit auf dem Feld vorziehen, bleiben in allererster Linie Teil ihrer Herkunftsgemeinschaft. Das ist von entscheidender Bedeutung, denn im Netzwerk der Reisfelder und der Bewässerungswege hat das Dorf seinen festen Platz. Man fährt so oft wie möglich nach Hause – und wenn Zeremonien anstehen, ist die Anwesenheit unerlässlich. Es sind die Tempelfeste und Rituale, in denen seit Jahrtausenden die Notwendigkeit des harmonischen Miteinanders bekräftigt wird. Eine nie versiegende Quelle für gesellschaftlichen Konsens.

Die Tempel variieren zwar nach Größe und Bedeutung. Aber alle stehen für die Verbindung zum Wasser. Die fünf großen Wassertempel der Insel markieren seinen Ursprung, Abertausende kleine Tempel in den Dörfern hingegen seinen Lauf. Ein flüchtiger Blick auf einen balinesischen Kalender genügt schon, um zu ahnen, wie oft ein Balinese mit dem »Subak«-System in Kontakt tritt!

WO DIE PHILOSOPHIE GESTALT ANNIMMT

Zur Harmonie zwischen Natur, Mensch und Gemeinschaft gehört, gleichsam als dritte und unverzichtbare Säule, die Spiritualität. Indem das Wasser, bevor es auf die Felder fließt, zunächst durch die Tempel geleitet wird, nimmt es göttliche Energie auf. Wo wir als Außenstehende nur ein wunderschönes Landschaftsmotiv wahrnehmen, sieht der Balinese eine sakrale Ganzheit und den tiefsten Ausdruck seiner Weltsicht. Sie ist zusammengefasst im Konzept von »Tri Hita Karana«, das auf Balance ausgerichtet ist und alle Lebensbereiche mit einschließt.

Die fließenden Übergänge zum Transzendenten und zur jenseitigen Welt enden nicht in den »Subaks« oder auf einzelnen Feldern. Jede Pflanze, jedes Reiskorn und jede Portion auf dem Teller ist Teil einer Gesamtheit. Und wenn Balinesen die kleinen Opferschalen mit ein paar Körnern fül-

len, sie im Tempel oder auf dem Gehweg platzieren, dann tun sie das in dem Bewusstsein, dass sich der Kreislauf wieder schließt und sie den Göttern ihren Teil zurückgeben.
Bis heute gelten die »Subak«-Prinzipien auf Bali. Die landwirtschaftlichen Nutzflächen werden noch immer nachhaltig bewirtschaftet und durch die Wassertempel gemeinschaftlich organisiert.

MODERNE DÄMONEN

Der Zusammenhalt gerät allerdings zunehmend unter Druck. Der soziale und ökonomische Wandel fordert seinen Tribut. Das – noch intakte – System braucht Unterstützung, ebenso wie die Bauern selbst. Auch auf Bali gibt es so etwas wie Landflucht. Die in den meisten Fällen trügerische Hoffnung auf ein einfacheres Leben treibt die junge Generation scharenweise in die Touristengebiete. Auch wenn sie ihrer Gemeinschaft verbunden bleiben, in Zukunft werden Menschen fehlen, die mit der praktischen Seite des Reisanbaus vertraut sind.
In den Reisanbaugebieten selbst gerät das ausgeklügelte System allmählich aus der Balance. Hotels, Golfplätze und Vergnügungsparks fressen sich immer weiter in die Landschaft. Bagger und Planierraupen zerstören oder unterbrechen das in Jahrhunderten geschaffene Netz in kürzester Zeit. Wie aber kann die Dorfgemeinschaft weiterleben, wenn die Bauern der touristischen Infrastruktur weichen müssen?
Dass der Prozess gestoppt werden muss, um den Kernbestand der einmaligen balinesischen Kultur zu sichern, haben inzwischen viele erkannt. Seit einigen Jahren sucht die balinesische Regierung gemeinsam mit den Distrikten nach tragfähigen Regelungen, um dem Raubbau Grenzen zu setzen. Was in über 1000 Jahren gemeinschaftlich und ohne gesetzliche Festschreibungen gelang, muss nun unter juristischen Schutz gestellt werden. Der Kampf um die Bodennutzung ist noch nicht verloren, aber die Zahl der Wassergemeinschaften hat bereits deutlich abgenommen.
2012 wurden Balis Reisterrassen ins UNESCO-Weltkulturerbe aufgenommen. Damit steht eine der bedeutendsten Kulturlandschaften auf unserem Planeten unter besonderer Protektion. Das Interesse ist geweckt. Auch in der Tourismusindustrie. Initiativen wurden gegründet, Hotels können sich zertifizieren lassen und damit werben, dass sie nach den Prinzipien von »Tri Hita Karana« arbeiten. Die schönsten Reisterrassen können Sie in Tabanan, vor allem unterhalb des Gunung Batukaru und bei **Jatiluwih** 5 sehen. Aber auch rund um Ubud bekommen Sie einen Eindruck von den »Himmelstreppen« – göttlich!

ZENTRALBALI

Reisterrassen, tropische Flusstäler und die vielen heiligen Stätten bilden seit Jahrhunderten eine ideale Bühne für die Künste. Heute gilt Zentralbali auch als Mekka der Ernährungs- und Körperbewussten.

Im Zentrum Balis liegen die schönsten Sehenswürdigkeiten der Insel. Man spürt eine spirituelle Spannung, die typisch ist für Orte, an denen das Leben der Menschen auch davon bestimmt wird, dem Alltag die schönen Seiten abzuringen. Nirgendwo sonst auf der Insel leben und arbeiten so viele Maler, Tänzer, Musiker und Kunsthandwerker.

INTERNATIONALE KUNSTKARAWANE

Seit in den 1930er-Jahren Walter Spies und andere Paradiesvögel hier ihre Zelte aufschlugen, reist die internationale Kunstkarawane immer wieder zu diesen Sehnsuchtsorten. Nach wie vor auf der Suche nach dem dörflichen Idyll, unverfälschter Kultur und der Magie heiliger Stätten, die es hier in reicher Zahl gibt. Viele blieben und unterstützen heute die Balinesen in ihrem Bestreben, die einmalige Kultur und die dazu gehörende

◀ Idyllisch in die Landschaft eingebettet: Gunung Kawi (▶ MERIAN TopTen, S. 97).

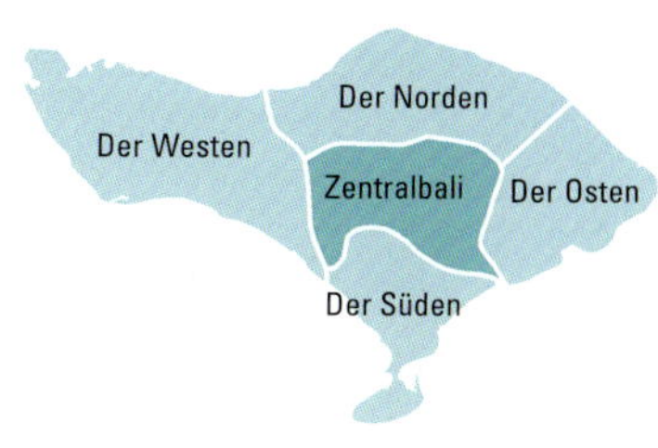

Landschaft zu erhalten. Erst in Zentralbali versteht man richtig, was die Balinesen unter Kultivierung verstehen, dass sie alle Lebensbereiche umfasst und das Gegengewicht zu den Küsten darstellt, von denen das Dämonische droht. Speziell in der Gegend um Ubud sind besondere Ausflüge und Entdeckungstouren möglich. Kleine Nebenstraßen und Wege führen schnell hinein in die von berühmten Malern auf Leinwand gebannten Landschaften mit ihren unvergleichlichen Reizen. Seit Jahren boomt in Zentralbali eine Form von Tourismus, die viel mehr im Auge hat als die kulturellen Attraktionen, die der Tourist während einer Tagestour eilig abhakt.

KUNST, KITSCH UND WELLNESS

Lange vor der Ortseinfahrt kündigt sich an, dass Ubud anders ist als jeder Ort, den Sie bisher auf Bali gesehen haben. Rechts und links der Straße ein Artshop neben dem anderen – übergroße Holzskulpturen in allen Farben, bunte Stoffe, Accessoires und immer wieder Bilder im Bali-Stil. Jede Menge »Augenpulver«, Kitsch und Kunst dicht nebeneinander. Das Zentrum der balinesischen Kultur, sagen die einen. Massenproduktion, kaum mehr als ein Abklatsch der einstigen Konzentration auf das Schöne, finden andere. Ubud büßte in der Vergangenheit einiges von seinem Ruf ein, schaffte es aber in den letzten Jahren, sich neu zu erfinden. Ideen gedeihen hier offenbar bestens, die natürliche Umgebung blieb trotz der Gästemassen weitgehend unberührt, die vielen Sehenswürdigkeiten in Zentralbali liegen in unmittelbarer Nähe, und heute wirbt die Region nicht zuletzt mit Angeboten für Touristen, die Erkundungen gern mit Yogakursen, Wellness und gesundheitsbewusstem Lebensstil kombinieren. Wenn Sie für Ubud nur eine Stippvisite planen, über den Markt schlendern und vor der Abfahrt schnell noch eine der überall beworbenen Tanzvorführungen besuchen, werden Sie von all dem kaum etwas mitbekommen und vielleicht ernüchtert wieder abfahren. Planen Sie ruhig ein paar Übernachtungen ein! Es gibt zahllose Möglichkeiten, die Gegend zu Fuß oder per Fahrrad zu erkunden und andere Eindrücke mit nach Hause zu nehmen.

Ubud gilt auf Bali als Hauptstadt des traditionellen Tanzes. Jeden Tag kann man unterschiedlichste Aufführungen besuchen, Kecak und Legong täglich – meist in speziell für Touristen eingedampfter Fassung. Eingeschworene Ubud-Fans halten das für Kulturverfall, übersehen dabei aber, dass der Tourismus auch Motor sein kann für den Erhalt der vielen wirklich guten Tanz- und Musikschulen, in denen die jungen Balinesen nicht nur einen selbstbewussten Umgang mit der Tradition erlernen.

TANZ IST TRADITION

Die Tanzvorführungen sichern auch ein bescheidenes Einkommen. Täglich werden auf verschiedenen Bühnen, in Tempelanlagen, Parks, bei den Museen etc. Tänze aufgeführt. Das Touristenbüro hält Veranstaltungskalender bereit, die auch auf besondere Feste hinweisen, bei denen Tänze in Originalfassung aufgeführt werden.

UBUD

D 4

Stadtplan ► S. 89

Ca. 67 000 Einwohner

SEHENSWERTES

1 Monkey Forest

Der Affenwald ist bevölkert von Hunderten Makaken, die, wild auf leckere Mitbringsel, den Besucher schon am Eingang erwarten. Wenn's keine Bananen oder Erdnüsse gibt, grapschen sie gern auch mal nach Sonnenbrillen oder Hüten. Ein Spaziergang zu den heiligen Tempeln Pura Dalem – der Unterwelt geweiht – und zum Pura Prajapati gehört zu den Attraktionen. Der Fluss und das Blätterdach der tropischen Bäume sorgen für Kühle; Moose, überwucherte Statuen, Luftwurzeln und die allgegenwärtigen Affen für die mystische Stimmung.

Haupteingang am südlichen Ende der Monkey Forest Road | Tel. 03 61/ 97 13 04 | www.monkeyforestubud.com | tgl. 8–18 Uhr | Eintritt 20 000 Rp., Kinder 10 000 Rp.

MUSEEN UND GALERIEN

2 ARMA – Agung Rai Museum of Art

Angeordnet um die Sammlung des berühmten Agung Rai. Das 1996 gegründete Museum gewährt einen fantastischen Überblick über die Kunstformen, die Walter Spies und seine europäischen Malerfreunde auf Bali vorfanden, zeigt aus den 1930er-Jahren die Gemälde der Batuan-Gruppe sowie Arbeiten von Spies, Rudolf Bonnet und Adrien-Jean Le Mayeur. Das Areal allein ist einen Besuch wert mit seinen weitläufigen Gärten und den Pavillons im Bali-Stil. Ein Kulturzentrum im besten Sinn. Zum Programm gehören verschiedene Workshops, abends auch sehr gute Tanzaufführungen. Angeschlossen sind ein Restaurant mit indonesischer und internationaler Küche, das Kafe Arma, und ein kleines Resort (€€€). Sehr empfehlenswert.

Jalan Raya Pengosekan | Tel. 03 61/ 97 57 42 und 97 66 59 | www.armabali.com | tgl. 9–18 Uhr | Eintritt 40 000 Rp.

Ubud und Umgebung
0
600 m
N
Payangan
Teestunde mit Aussicht
Spaziergang durch die Reisfelder
Jl. Lungsiakan
Kedewatan
Yeh Ayung River
Jl. Kedewatan 1
Jl. Raya Sanggingan
Neka Art Museum
Jl. Suweta
Botanic Garden Ubud
Han Snel Gallery
Pura Dalem Ubud
Ubud
Campuan
Gunung Lebah
Taman
Jl. Kajeng
Jl. Suweta
Jl. Sriwedari
Puri Lukisan Museum
Jl. Campuhan
Don Antonio Blanco Museum
Puri Saren
House of Lempad
Clinic, Pharmacy
Police
Jl. Raya
Market
Neka Gallery
Seniwati Art Gallery
Jl. Bisma
Penestanan
Jl. Dewi Sita
Jl. Gootama
Dalem
Jl. Hanoman
Jl. Sugriwa
Jl. Sukma
Jl. Cokorda Gede Rai
Jl. Monkey Forest
Jl. Campuhan 3
Sayan
Padang Tegal
Monkey Forest
Pura Dalem Agung Padang Tegal
Agung Rai Gallery
Peliatan
Katik Lantang
ARMA Agung Rai Museum of Bali
Jl. Peliatan
Nyoman Sumertha
Gianyar
Jl. Made Lebah
Jl. Raya Teges
Rudana Museum
Jl. Nyuh Kuning
Nyuh Kuning
Goa Gajah
Pengosekan
Bali Mini
Setia Darma House of Masks an Puppets
Museum Rudana
Denpasar
© MERIAN-Kartographie

6 Museum Puri Lukisan

Das älteste Kunstmuseum Ubuds liegt in einem gepflegtem Park. Die Sammlung ist auf mehrere traditionelle Gebäude verteilt und zeigt Meisterwerke der klassischen wie der zeitgenössischen balinesischen Kunst. Hier können Sie den State of the Art und die verschiedenen Stilrichtungen erkunden. Gute Anhaltspunkte für den etwaigen Kauf eines der vielen Kunstwerke, die in den Straßen Ubuds angeboten werden. Schöner Museumsshop.

Jalan Raya Ubud | Tel. 03 61/97 11 59 | www.museumpurilukisan.com | tgl. 9–17 Uhr | Eintritt 50 000 Rp.

3 Museum Rudana & Rudana Fine Art Gallery

Das 1995 eingerichtete Museum zeigt eine große Sammlung balinesischer und indonesischer Meister. 500 qm Ausstellungsfläche, angeordnet in drei Ebenen, die das balinesische Konzept von »Tri Angga« symbolisieren: Fuß, Körper, Kopf in aufsteigender Linie. Im Erdgeschoss aktuelle Ausstellungen junger Künstler, ganz oben die Meister der klassischen und modernen Malerei. Das Museum steht auf einem riesigen Gelände und ist ein Lieblingsort der indonesischen Kunstkritiker und Sammler.

Peliatan | Jalan Cok Rai Pudak 44 | Tel. 03 61/97 57 79 | www.museumrudana.org | tgl. 9–17 Uhr | Eintritt 100 000 Rp.

4 Neka Art Museum

Ein Museum, das die wechselseitige Beeinflussung europäischer und balinesischer Künstler veranschaulicht. Neben Werken von I Gusti Nyoman

Puri Lukisan (▶ MERIAN TopTen, S. 90) in Ubud, das älteste Kunstmuseum Balis, zeigt klassische und zeitgenössische balinesische Malerei.

Lempad oder Anak Agung Gde Sobrat sind auch Gemälde des indonesischen Großmeisters Affandi zu sehen – dazu Bilder von Walter Spies, seinem belgischen Freund Rudolf Bonnet und Arie Smit. Etwas schwer aufzufinden, aber sehr interessant: ein Bildarchiv mit Fotos aus der Zeit, als Spies in den 1930er- und 1940er-Jahren gemeinsam mit seinen balinesischen Mitstreitern eine Malschule in Ubud betrieb.
Jalan Raya Sanggingan Campuan | Tel. 03 61/97 50 74 | www.museumneka.com | Mo–Sa 9–17, So 12–17 Uhr | Eintritt 40 000 Rp.

5 Setia Darma House of Masks and Puppets

Das 2014 eingerichtete Museum präsentiert Tausende von Masken und Wayang-Puppen aus ganz Asien. Die Ausstellungsräume sind in antiken javanischen »Joglos« untergebracht, die auf einem wunderschönen Gelände verteilt sind. Regelmäßige Aufführungen auf der Bühne des Museums.
Banjar Tengkulak Tengah | Jalan Tegal Bingin | Tel. 03 61/97 74 04 | E-Mail: setiadarmabali@yahoo.co.id | tgl. 8–16 Uhr | Eintritt frei

ÜBERNACHTEN

6 Alaya Resort

Stylisches Designerresort – Zentral gelegen und trotzdem mit Aussicht auf die Reisfelder. Die noch sehr neue Anlage wurde von Balis Topdesignern gestaltet und ist in sämtlichen Details auf dem neuesten Stand. Sehr gutes Restaurant und hochklassige Veranstaltungen, beispielsweise Jazz.
Jalan Hanoman | Tel. 03 61/97 22 00 | 60 Suiten | €€€

7 Alila Ubud

Fantastische Lage – Ruhig in den Bergen und am Flusstal des Ayung. Von allen Zimmern aus schaut man in die atemberaubend schöne Berglandschaft. Herrlicher Pool mit Panoramablick. Gutes Restaurant, Spa. Genau das richtige Verwöhnprogramm für entspannte Ferientage.
Desa Melinggah Kelod Gianyar Payangan | Tel. 03 61/97 59 63 | www.alilahotels.com | €€€€
Ca. 10 km nördl. von Ubud

8 Beji Ubud Resort

Gutes Preis-Leistungs-Niveau – Das in ein steiles Flusstal hineingebaute Hotel liegt im ruhigen, aber gut entwickelten Stadtteil Sanggingan. Die terrassierte Anlage überzeugt mit schönen Bungalows, Pools und kleinen »Bales« – verteilt auf einem großen Gelände mit herrlicher Aussicht.
Jalan Raya Sanggingan | Tel. 03 61/97 11 66 | www.bejiubudresort.com | 30 Zimmer | €€

9 Lady Bamboo ▸ S. 24

10 Sri Ratih Cottages

In schöner Umgebung – Das kleine Resort liegt am Stadtrand und in der Nähe des Flusses. Balinesisch eingerichtete Zimmer, großer Garten, Pool und Restaurant. Zu Fuß sind es rund 10–15 Min. ins Zentrum, kostenloser Shuttle-Service.
Jalan Campuan 1 | Tel. 03 61/97 56 38 | www.sriratih.com | 29 Zimmer | €€

11 Svarga Loka Resort

Yoga – Das Resort ist in den Canyon des Campuan hineingebaut und be-

zieht den Fluss mit ein. Sehr originelle Bungalows und schöne Pavillons sind auf dem dschungelartigen Gelände verteilt. »Back to nature!« Das gilt auch für die zahlreichen Aktivitäten, die das Resort neben Yoga anbietet.
Jalan Panestanan Kelod | Tel. 03 61/ 97 54 54 | www.svargalokaresort.com | 37 Zimmer | €€€

Spaziergang durch die Reisfelder von Ubud

Am Nachmittag, wenn das Licht sanfter wird und die Farben satt, lohnt es, die Stadt hinter sich zu lassen für einen Spaziergang durch die Reisfelder. Mitten hinein ins Grün der Kulturlandschaft mit seiner angenehmen Stille (▶ S. 13).

ESSEN UND TRINKEN

In der kleinen Straße Jalan Gaotama finden Sie ein Restaurant neben dem anderen, deswegen auch »Food Street« genannt. Italienisch, französisch, Thai- oder Bali-Küche – überall isst man gut und günstig. Voll im Trend liegen organische Gerichte, slow food und Rohkost. Renner sind das Soma (tgl. 7.30–22 Uhr) und der Melting Wok (Di–So 10–22 Uhr).

RESTAURANTS

12 Bambu Indah

Architektur – Eine der jüngeren Kreationen des Bamboo-Imperiums von John Hardy. Der Besuch lohnt schon wegen der spektakulären Bauweise. Nichts als Bambus. In der offenen Küche wird indonesisches Essen zubereitet, die Menüs sind erschwinglich. Beste Zeit: mittags, dann sind auf dem naturbelassenen Gelände noch nicht so viele Moskitos unterwegs.
Banjar Baung | Desa Sayan | Tel. 03 61/ 97 79 22 | www.bambuindah.com | tgl. 7.30–21 Uhr | €€

13 Café Lotus

Der Klassiker – Das offene Restaurant an einem Lotusteich ist ein wenig in die Jahre gekommen, aber nach wie vor Publikumsmagnet. Indonesische und internationale Küche. Auf der großen Bühne hinter dem Teich werden manchmal traditionelle Tänze gezeigt.
Jalan Raya | Tel. 03 61/97 56 60 | www.cafelotusubud.com | Di–So 8.30–23 Uhr | €€

14 Casa Luna ▶ S. 28

15 Clear Café

Legendär – Das 2014 in der Jalan Hanoman abgebrannte Restaurant ist an die Campuan Bridge umgezogen. Coole Atmosphäre, beliebt bei jungen Leuten, auch wegen der organischen Küche auf internationalem Niveau.
Jalan Raya Campuan | Tel. 03 61/ 8 89 44 37 | www.clear-cafe-ubud.com | tgl. 9–23 Uhr | €–€€

16 Five Elements ▶ S. 28

17 Il Giardino

Oase im Zentrum – Abseits der Hauptstraße in einem Lotusgarten bietet das Restaurant gute italienische Küche in romantischer Atmosphäre. Besonders beliebt für Moonlight Dinners.
Jalan Kajeng | Tel. 03 61/97 42 71 | www.ilgiardinobali.com | tgl. 16–22 Uhr | €€–€€€

⑱ Indus Restaurant

Super Lage – Oberhalb des Campuan-Flusses. An klaren Tagen schaut man von der oberen Terrasse bis zum Gunung Agung. Gute Küche, es lohnt aber auch ein Besuch zur Cocktailtime ab 17 Uhr, um den Sonnenuntergang zu erleben. Mo und Do Livemusik.

Jalan Raya, Sanggingan | Tel. 03 61/97 76 84 | www.casalunabali.com | tgl. 7.30–22.30 Uhr | €€–€€€

CAFÉS UND BARS

⑲ Bar Luna

Ein Künstlertreffpunkt, in dem vorzugsweise Tapas serviert werden. In der Bar unterhalb des Luna Restaurants finden Lesungen und Konzerte statt. Janet, die auch das Ubud Writers Festival (▶ S. 47) organisiert, sorgt für ein zeitgenössisches Programm.

Jalan Ubud Raya, gegenüber vom Puri Lukisan | Tel. 03 61/97 16 05 | www.casalunabali.com | tgl. 15–23 Uhr

⑳ Jazz Café

Beste Stimmung. Bar und Bistro. Dazu ein abwechslungsreiches Programm. Jazz, Latin, Salsa. Gute Livebands und eine große Tanzfläche animieren zum Tanzen. Feiern nach Ubud-Art geht auch hier vor Mitternacht zu Ende.

Tebesaya | Jalan Sukma 2 | Tel. 03 61/97 65 94 | www.jazzcafebali.com | tgl. ab 17 Uhr, ab 20 Uhr Livemusik

㉑ The Laughing Buddha

Restaurant, Tapas-Bar und Cocktail Lounge. Asiatisch-mediterrane Küche. Interessant vor allem wegen der Live-Bands, die täglich für Stimmung sorgen. Von Blues bis Funk ist alles dabei.

Kunst- und Kunsthandwerksläden wie diese in der Jalan Dewi Sita findet man in Ubud beinahe an jeder Straßenecke.

Die Holzschnitzer in der Werkstatt von Ketut Puja in der Jalan Raya Mas in Ubud (▶ S. 94) arbeiten oft wochenlang an einer Skulptur, bis diese zum Verkauf angeboten werden kann.

Jalan Monkey Forest | www.laughingbuddhabali.com | tgl. 9–2 Uhr | €€

EINKAUFEN

In Ubud und entlang der Hauptstraßen warten unübersehbar viele Läden mit dem immergleichen Sortiment auf Kundschaft. Interessant sind Geschäfte für Naturkosmetik und die speziellen Angebote von Tees, Kaffees und Gewürzen, meist aus organischem Anbau. Samstags von 9.30 bis 14 Uhr bietet vor dem Kafe Arma ein kleiner Biomarkt ausschließlich Öko-Produkte aus der Region und gute Ideen für Mitbringsel.

Wenn Sie Bilder kaufen möchten, empfehlen sich die den Museen angeschlossenen Galerien und Shops. Gold, Silber, Holz- und Steinmetzarbeiten lassen sich gut in den nahen Dörfern kaufen, die jeweils auf eine der Sparten spezialisiert sind: In Mas dreht sich alles um die Goldschmiedekunst, Celuk ist das Dorf der Silberschmiede, in Batubulan sind die Steinmetze ansässig und in Teges die Holzschnitzer. Auf dem Weg von und nach Denpasar kommen Sie an den vier Dörfern vorbei und können einen Stopp einlegen. Die Shops liegen unübersehbar an der

Hauptstraße, die Nebengassen lassen sich gut erkunden – dort findet man kleine, aber feine Betriebe.

AKTIVITÄTEN

22 Kochkurse in Ubud

Absolut im Trend liegen die Kochkurse in Ubud. Rote Chilis, Kurkuma, Zitronengras und alle anderen Zutaten werden gemeinsam auf dem Markt eingekauft, dann unter Anleitung zubereitet und in mehreren Variationen ausprobiert. Kochen bringt auf Bali immer auch eine spirituelle Erfahrung mit sich. Jedes Gericht wird mit Andacht zubereitet, und ein Teil des Mahls wird geopfert, bevor die Menschen essen. Gute Kochkurse bieten mittlerweile sehr viele Unterkünfte und Hotels an. Am besten, man bucht den Kochkurs im eigenen Hotel. Oder im Casa Luna:

Casa Luna | Tel. 03 61/97 32 82 | E-Mail: cookingschool@casalunabali.com | Reservierung empfohlen

Radfahren

Fast überall werden Fahrräder vermietet, es gibt Dutzende von Anbietern. Es macht Spaß, einfach drauflos zu radeln und die Gegend auf eigene Faust zu erkunden. Im Touristenbüro werden spezielle Karten angeboten, mit deren Hilfe man sich Touren zusammenstellen kann, die an Tempeln, Aussichtspunkten und schönen Warungs vorbeiführen. Wenn Sie allein unterwegs sind, sollten Sie GPS auf Ihrem Smartphone aktiviert haben: Der Ubud-Teil von OpenStreetMap wird ständig aktualisiert von dem Mountainbike-Fanatiker Werner, der auf Bali für eine internationale Stiftung arbeitet. Generell ist es empfehlenswert, zunächst an einer geführten Tour teilzunehmen. Die besten und geheimsten Routen kennt Lambert vom Lady Bamboo – er teilt sein Wissen gern mit den Hausgästen und bietet Touren mit Elektrorädern an, die im Begriff sind, Teil eines modernen Verkehrskonzeptes für Ubud zu werden.

Teestunde mit Aussicht

Nördlich von Ubud und im Hochland liegen die großen Tee- und Kaffeeplantagen. Man schaut hinunter auf Terrassen-Felder und dichte Wälder. Grün in allen Schattierungen, sonst nichts, an dem das Auge hängen bleibt (▶ S. 13).

Wandern

Es kann der Abendspaziergang durch die Reisfelder sein, ein Tagestrip über Berge und durch Täler oder die ambitionierte Besteigung des Gunung Agung. Von Ubud aus ist alles möglich. Erfahrene Reisende halten Variante eins und zwei für schöner, weil der Götterberg längst kein Garant mehr für einsames Abenteuer ist. Wanderkarten mit vielen verschiedenen Routen gibt es im Tourismusbüro. Sichere Gipfeltouren auf den Gunung Agung garantiert Bali Adventure Tours.

23 Bali Adventure Tours

Jalan Raya Kedewatan | Tel. 03 61/72 14 08 | www.baliadventuretours.com

WELLNESS

24 Putri Bali

Selbst die kleineren Hotels in Ubud haben mittlerweile einen Spa-Bereich. Bequem, gut, aber in der Regel teurer

als in den spezialisierten Salons. Der beste unter ihnen ist Putri Bali (▶ S. 55), mit einer Fülle wohltuender Anwendungen für Körper, Geist und Seele.
Jalan Raya Sanggingan | Tel. 03 61/7 80 18 41 oder 0 81/9 36 22 49 44 | www.putribalispa.com | 90 Min. Massage ab 150 000 Rp.

25 Radiantly Alive

Ubud und Zentralbali sind Hotspots für Reisende, die in den Ferien auf Yoga und Meditation setzen. Viele Hotels bieten entsprechende Kurse und haben Ruhezonen eingerichtet. Radiantly Alive, die beste Yogaschule mitten in Ubud, wird auch gern von hier lebenden Ausländern besucht.
Jalan Jembawan 3 | Tel. 03 61/97 80 55 | www.radiantlyalive.com | Wochenkarte 550 000 Rp., Physiotherapie auf Anfrage

SERVICE

AUSKUNFT

Ubud Tourist Information Service
Jalan Raya Ubud | Tel. 03 61/9 62 85 und 97 32 85 | tgl. 8–19 Uhr

BUSSE

Seit 2015 gibt es regelmäßige Busverbindungen zwischen Ubud und den Zielen im Süden Balis. Die Haltestellen: Ubud Zentral, Puri Lukisan Museum und das Planataran Resort am Monkey Forest. Fahrpläne und Routen: www.kura2bus.com

Ziele in der Umgebung

BALI BIRD PARK D 4

Kein billiges Vergnügen, aber lohnenswert. Hunderte von Vogelarten lassen sich hier aus nächster Nähe und ohne allzu schlechtes Gewissen beobachten.

Man betritt die Elefantenhöhle Goa Gajah (▶ MERIAN TopTen, S. 97) durch einen bemoosten Felsenschlund, der von der dämonenhaften Fratze eines Boma-Kopfes bewacht wird.

Neben Kakadus, Papageien, imposanten Hornvögel alles, was der Archipel beheimatet. Die Anlage ist gut geführt und kann sich einiger Erfolge rühmen hinsichtlich der Brut-Programme für den Bali-Star. In einer gigantischen Voliere kann man auf Entdeckungstour gehen, hier führen schaukelnde Bambusbrücken und kleine Wege durch einen künstlich angelegten Regenwald. An den Bird Park grenzt der Bali Reptile Park mit Waranen, Komodos und Riesenschlangen. Am besten kauft man eine Kombi-Karte und schaut sich gleich beides an. Ein toller Ausflug auch für Kinder!

Singapadu | Jalan Cerma Cok Ngurah Gambir | Tel. 03 61/29 93 52 | www.bali-bird-park.com | tgl. 9–17.30 Uhr | Eintritt 27,50 $, Kinder 13,75 $
11 km südl. von Ubud

GOA GAJAH 7 — D/E 4

Die Elefantenhöhle südöstlich von Ubud ist in einem Felsen verborgen. Zunächst geht es, vorbei an den unvermeidlichen Souvenirbuden, eine steile Treppe hinunter ins Tal. Hinter den Badebassins dann der Eingang zu dem aus dem 8. Jh. stammenden Heiligtum. Boma, die Erde- und Baumgottheit, verschlingt der Mythologie zufolge alle, die von einer Existenz in die andere hinüberwechseln. Der Eintritt in die Höhle symbolisiert einen solchen Übergang. Durch den aufgerissenen Felsenschlund, bearbeitet als Boma-Kopf, gelangt man ins Innere. Auf der linken Seite der T-förmigen Höhle steht eine vierarmige Statue des Elefantengottes Ganesha, auf der Rechten drei Linggas, die die Kräfte von Brahma, Vishnu und Shiva verkörpern.

Am frühen Morgen hat man auf dem Weg zur Goa Gajah einen herrlichen Ausblick auf den Gunung Agung, die Anlage selbst ist noch nicht überlaufen.

Bedulu | tgl. 8–16 Uhr | Eintritt 15 000 Rp.
4 km südöstl. von Ubud

GUNUNG KAWI TAMPAKSIRING 8 — E 4

Gunung Kawi, der Berg der Dichter, ist die Ausnahmeerscheinung unter den Heiligtümern. Ein Ort reiner Poesie. 317 Stufen geht es zunächst hinunter in die Schlucht, rechts und links Reisterrassen und Kokosnusshaine, unten der Fluss Pakerisan. Schon das Eingangstor aus solidem Fels ist ein beeindruckendes Zeugnis der Steinmetzkunst, und dann wird der Blick frei auf die großen Felsnischen. Die »Candis«, allesamt an die 7 m hoch, wurden aus massivem Stein herausgearbeitet. Der Mythologie zufolge erledigte der Riese Kebo Iwo diese Herkulesaufgabe mit bloßen Fingernägeln. Der Begriff »Candi« bezeichnete ursprünglich Candika, die Göttin des Todes, eine Erscheinung Shivas. Im 11. Jh. ließ König Anak Wungsu die Anlage bauen – eine Respektsbekundung für seinen Vater König Udayana und die gleichnamige Dynastie. Der gesamte Komplex verkörpert den Makrokosmos der Richtungsgottheiten und zugleich den Mikrokosmos des Herrschers. Zwei »Candi«-Gruppen werden durch den Fluss geteilt, die fünf zur Linken sind Anak Wungsu und seinen vier Frauen zugeordnet, die vier zur Rechten seinen Konkubinen. Der zehnte »Candi« liegt 1 km abseits, erreichbar über einen zugewucherten Pfad – er ist einem der

Minister des Raja gewidmet. Die »Candis« werden um-, zum Teil auch durchflossen von künstlichen Wasserläufen. Sie sollen die heilige Kraft der vergöttlichten Rajas aufnehmen und dann weiterleiten in die Umgebung.

Banjar Penaka | tgl. 7–17 Uhr | Eintritt 15 000 Rp.
10 km nordöstl. von Ubud

KELIKI D 4

650 Einwohner

Vorbei an den Reisterrassen von Tegalalang führt die Straße nach Keliki, einem Dorf, in dem Künstler noch die traditionelle Miniaturmalerei beherrschen. Gemalt wird mit Tusche und zugespitzten Palmblatthalmen, sehr filigran, detailreich und nicht an den Touristengeschmack angepasst. Im Studio Dolit wird die Kunst lebendig gehalten. Der Maler Bapak Dolit unterrichtet täglich seine jungen Schüler, interessierte Gäste sind willkommen.

7 km nördl. von Ubud

Die Reiher von Petulu

Im kleinen Dorf Petulu wiederholt sich seit 1965 allabendlich ein rätselhaftes Naturschauspiel. Unzählige Reiher kommen aus den Bergen und lassen sich auf den Bäumen nieder. Um ihr Auftauchen ranken sich viele Mythen (▶ S. 14).

PETULU D 4

4400 Einwohner

Ein traditionelles Dorf, eingebettet in eine reizvolle Landschaft mit Reisfeldern, Wäldern und einer Allee zwischen den beiden Tempeln des Ortes. Auffällig sind die katakombenartigen Unterstände auf der dem Berg zugewandten Seite der Straße, sie bieten Platz für Mopeds und Fahrräder.

5 km nördl. von Ubud

PRANA DEWI MOUNTAIN RESORT C 3

Direkt unterhalb des Regenwalds vom Gunung Batukaru und in den Reisfeldern. Ideal für eine oder zwei Übernachtungen, wenn man nördlich von Ubud Spaziergänge und Trekkingtouren unternehmen möchte. Quellwasser-Pool, organisches Essen. Regelmäßig Yogakurse und Meditation.

Wongaya Gede, Penebel | Tel. 0 82/ 3 41 74 55 00 | www.balipranaresort.com | 14 Bungalows | €€
39 km nordwestl. von Ubud

PURA TIRTA EMPUL E 4

An keinem anderen Ort auf Bali kommen die Menschen ihren Göttern in einem auch körperlichen Sinn derart nah. Welche Rolle das Quellheiligtum im Kosmos der Balinesen einnimmt, sehen Sie bereits am Eingang: Unzählige Warungs sind ganz auf die Bedürfnisse der Pilger eingerichtet. Der Quellsee im Zentrum des im Jahr 962 errichteten Tempels soll vom Himmelsgott Indra selbst erschaffen worden sein. Ihm entspringt das Wasser des Lebens, geeignet, Tote ins Leben zurückzurufen, Kranke zu heilen und sämtlicher Übel Herr zu werden. 31 Speirohre verteilen das heilige Wasser auf die Bassins. Jedes ist speziellen Riten vorbehalten. Frauen und Männer baden getrennt, einmal jährlich kommen die Bewohner der umliegenden Dörfer, um sämtliche Haushaltsutensilien rituell zu reinigen, und sogar die »Barongs« von Gianyar frischen hier ihre magischen Kräfte auf.

Frühaufsteher werden belohnt. Auch an einem Regentag ist der Tempel ein schönes Ziel mit viel Ausstrahlung.

Tampaksiring | Jalan Tirta | tgl. 8–17 Uhr | Eintritt 15 000 Rp.
15 km nordöstl. von Ubud

SUKUWATI E 4

Im quirligen Pasar Seni wird Kunst bzw. Kunstgewerbe in großer Auswahl und preisgünstig angeboten. Wer früh am Morgen kommt, erzielt die besten Preise. Zu dieser Zeit kann man auch gleich den Obst- und Gemüsemarkt im Ortszentrum besuchen. Und wem der Sinn nach Schmuck steht: Auch die Gold- und Silberschmiede von Celuk sind nur wenige Minuten entfernt.

Jalan Raya Sukawati | tgl. 8–19 Uhr
10 km südl. von Ubud

Celuk ▶ S. 36

YEH PULU E 4

Der 25 m lange und 2 m hohe Fries auf einem Steilfelsen gibt der Wissenschaft bis heute Rätsel auf. Vermutlich handelt es sich um eine Eremitage aus dem 14. Jh. Neben einer Ganesha-Figur überwiegen Darstellungen säkularer Figuren und Szenen aus dem Alltag. Einige Experten meinen, dass das Relief die Geschichte Krishnas erzählt. Yeh Pulu ist nicht weit entfernt von **Goa Gajah** 7. Die Höhle ist auf einem Spaziergang durch die Reisfelder gut zu erreichen.

Ubud/Bedulu
6 km südöstl. von Ubud

Yeh Pulu (▶ S. 99): Eine 27 m lange »Bilderwand« zeigt kunstvoll in den Stein gehauene Reliefs, die vermutlich aus dem 14. Jh. datieren, u. a. Szenen aus dem Alltag, Tiere, Priester, Götter …

Im Fokus

Der Maler Walter Spies – Ein Pionier im Paradies

Mit Charlie Chaplin machte der Maler Walter Spies auf Bali die Nacht zum Tag. Und die Schriftstellerin Vicky Baum schaute von seiner Terrasse aus in die Tropenwelt, nippte an ihrem Tee und schrieb an einem Weltbestseller.

Walter Spies machte Ubud zum Zentrum einer balinesischen wie internationalen Künstlergemeinde. »Nur hier auf Bali hatte er das gefunden, was er immer hoffte, einmal zu finden: die Kombination von größter, tiefster Ruhe in Natur, Menschen und allem, und dabei diese ganz intensive, so komplizierte und doch so einfache Kultur.« Diese Eindrücke notierte Walter Spies 1939 über Charlie Chaplin, der ihn auf Bali besuchte und gar nicht wieder abreisen mochte. Unschwer erkennbar die Idealisierung eines Inselidylls, das weit entfernt war von Weltwirtschaftskrise, Kriegsgefahr und sozialen Spannungen. Aber Walter Spies zeichnet hier vor allem sein eigenes Bali-Bild. Damals lebte er bereits zehn Jahre in Ubud, über dem Fluss Campuan, mitten in einer paradiesisch anmutenden Landschaft. Sein Haus, sein Grundstück: ein Paradies im Paradies. Hier schrieb Vicky Baum den Großteil ihres Romans »Liebe und Tod auf Bali«

◀ Walter Spies (▶ S. 100) mit der Pianistin Julia Menz (Mi.) und deren Reisebegleiterin.

– Margaret Mead kam, Cole Porter und Noël Coward. Neben den Künstlern gaben sich die echte und die Geldaristokratie die Klinke in die Hand. Sie alle trugen den Bali-Mythos rund um den Globus und weckten daheim Sehnsüchte nach unverfälschter Schönheit und Wahrhaftigkeit. Es ist oft beklagt worden, dass Walter Spies und seine Freunde in ihrer Bali-Begeisterung übersahen, wie viele ihnen folgen könnten. Ebenfalls zivilisationsmüde. Ebenfalls auf der Suche nach einem unberührten und doch von Kultur durchdrungenen Fluchtpunkt. Man darf es aber auch so sehen: Walter Spies wollte sein Glück teilen, mitteilen. So, wie das Reisende bis heute tun und ungewollt dazu beitragen, gerade das zu zerstören, was sie so nachhaltig berührte.

DIE ENTDECKUNG DER LEICHTIGKEIT

Walter Spies – 1895 in Moskau geboren – entstammte einer großbürgerlichen, den Künsten und der Kultur aufgeschlossenen Familie. Die Oktoberrevolution in Russland und die beiden Weltkriege bestimmten sein Leben, auch wenn er die letzten und glücklichsten Dekaden im entfernten Indonesien verbrachte. Noch nicht 20-jährig geriet er als Deutscher in Moskau erstmals ins Räderwerk der großen Politik und wurde für Jahre in den hinteren Ural verbannt. Im entlegenen Baschkiristan lernte er das unverfälschte dörfliche Leben kennen. Inspiriert von den Bildern Henri Rousseaus und Marc Chagalls, die er bei Moskauer Sammlern gesehen hatte, begann er in dieser Zeit mit dem Malen und entwickelte jenen Stil, den er später nach Bali tragen und verfeinern sollte. Nach der Flucht aus Russland reüssierte Walter Spies zunächst in Europa: Berlin, Dresden und Amsterdam waren seine Stationen. Er war Teil der internationalen Künstlerkarawane, eng befreundet mit Otto Dix und Oskar Kokoschka – sein Lebenspartner war der Regisseur Friedrich Wilhelm Murnau. Spies, der sich auch als Musiker verstand, war zudem ein gern gesehener Gast im Hause Eduard Erdmanns, wo er die Größen der Musikwelt traf. Alles hatte Glanz – nur Spies sah hier keine Perspektive. Auf der Suche nach einem anderen Lebensmodell heuerte er 1923 auf dem Frachtschiff »Hamburg« an und ging auf die Reise Richtung Fernost. Er landete zunächst auf Java, wo er am Hof des Sultans von Yogjakarta als Musiker und Kapellmeister Aufsehen erregte, intensiv die Gamelanmusik studierte und unter anderem auch den balinesischen Fürstensohn Gede Raka Sukawati kennenlernte. Ihn besuchte Spies in den folgenden Jahren mehrfach auf Bali, bevor er schließlich ganz nach Ubud übersiedelte. Offenheit, Neugier und die Bereitschaft zum unvoreingenommenen Austausch bestimmten von Beginn an sein Verhältnis zu den Menschen dort.

KLÄNGE, GERÜCHE, FARBENSPIEL

Ihn betörten das Farbenspiel, die Klänge, die Gerüche, die ganze verschwenderische Schönheit um ihn herum – mit allen Sinnen nahm er Bali in sich auf. Als Künstler faszinierte ihn die Einstellung der Balinesen. Mit welcher Leichtigkeit diese Menschen, viele von ihnen einfache Bauern, ihre Bilder malten! Walter Spies lag nichts daran, anderen seine Welt- und Kunstsicht überzustülpen. Im Gegenteil. Er liebte das Unverfälschte und reagierte äußerst empfindlich, wenn einer der balinesischen Maler auch nur im Entferntesten versuchte, den europäischen Stil zu kopieren. Vielmehr bestärkte er seine neuen Freunde, ermunterte sie und versuchte ihr Interesse auf die Motive der Alltagswelt zu lenken. Ein fruchtbarer und respektvoller Austausch: geeignet, beide Seiten zu beflügeln.

Walter Spies selbst ließ alle Konventionen hinter sich, wurde durchlässig auch für spirituelle Erfahrungen und überschritt die Grenzen zwischen Kunst und Leben. In seinen Bildern brachte er die Motive zum Schweben und probte immer wieder das Spiel mit Licht, Schatten, Transparenz. Eine einzigartige Melange aus Neuer Sachlichkeit, Surrealem und dem Ambiente seiner neuen, tropischen Heimat. Seine Bilder malte er mit der Präzision von Botanikern früherer Jahrhunderte, haarfein im Detail. Das Gegengewicht dazu bildeten die magischen Szenen, mit denen er die balinesische Welt der Götter und Dämonen einfing und im Wortsinn zur Anschauung brachte. Die entsprechende kunsthistorische Schublade heißt »Magischer Realismus«, sagt aber nur wenig aus über den auch ganzheitlich gefühlten Kosmos von Walter Spies.

FREUDE AN DER KUNST

Heute erzielen seine Gemälde in den Auktionshäusern von Hongkong Höchstpreise – in Campuan war die Kunst vor allem der Freude geschuldet. Nur hin und wieder, wenn das Geld für den Lebensunterhalt knapp wurde, malte Spies auch gegen Bares. Den balinesischen Freunden lag ebenfalls wenig an der Verwertbarkeit ihrer Arbeiten. Für sie war Kunst ein Teil des rituellen Lebens. Untrennbar verbunden mit ihrem Denkhorizont, wonach Schönheit in allen Dingen zu sein hat. Spies dachte ähnlich – studierte die Musik, die Holzschnitzerei, den Hinduismus und ba-

linesische Geschichte. Er beschäftigte sich mit balinesischem Tanz und assistierte Victor von Plessen bei seinem berühmten Bali-Film, der fortan den Kecak-Tanz zu einer Attraktion für Reisende machte.
Anfang der Dreißigerjahre des letzten Jahrhunderts half Walter Spies, balinesischen Künstlern den Zugang zur Weltausstellung in Paris zu ermöglichen. Ihre Bilder machten Furore, und die Dinge nahmen ihren Lauf.

EINE WAHRE BILDERFLUT

Lempad, Balis größtes Künstlergenie, gab den Anstoß. Kurze Zeit später gründeten Ubuds regierender Fürst, Walter Spies, sein holländischer Malerfreund Rudolf Bonnet gemeinsam die Organisation »Pita Maha«. Aus dem Ubud-Stil wurde ein Markenzeichen, das bis heute Kasse macht. In Ubuds Hauptstraße und in der Monkey Forest Road herrscht eine wahre Bilderflut. Bali-Motive als Massenware, am Fließband produziert, für wenig Geld verkauft. Wer sucht, was Walter Spies und seine Freunde faszinierte und antrieb, braucht ein gutes Auge. Etwas näher kommt man dem Spirit der Dreißigerjahre im **Puri Lukisan** 6 und im ARMA-Museum. Beide Häuser rücken bewusst ab vom Musealen. Licht und Luft dürfen hinein, offene Fenster geben den Blick frei auf die verschwenderisch schöne Umgebung. Aussichten, die neben den Gemälden wie künstlerisch inszeniert wirken. Wer Walter Spies noch näher kommen will, kann versuchen, im kleinen Hotel Campuhan auf seinem ehemaligen Grundstück ein Zimmer zu ergattern. Dort, wo sein Haus bis heute steht.

VERTREIBUNG AUS DEM PARADIES

Der Maler, der Bali berühmt machte, verließ Ubud unfreiwillig. Ende der 1930er-Jahre entfesselte die holländische Kolonialregierung eine Hexenjagd auf Homosexuelle. Spies wurde inhaftiert. Von Ubud aus machte sich ein ganzes Gamelanorchester auf den 25 km-Marsch nach Denpasar, um Spies vor den Toren seines Gefängnisses aufzuspielen. 1942 und in den Wirren des Weltkrieges begann der endgültige Absturz: Deutschlands Angriff auf die Niederlande hatte auch in den fernen Kolonien Folgen. Alle Deutschen, nun offiziell als Feinde deklariert, wurden interniert. Deren Befreiung sollte verhindert werden, als die mit den Deutschen verbündeten Japaner das Inselreich erreichten. Man plante, die Gefangenen ganz außer Landes zu schaffen. Das Frachtschiff, mit dem Walter Spies und weitere 472 Deutsche nach Indien deportiert werden sollten, wurde am 19. Januar 1942 ironischerweise von japanischen Jagdfliegern bombardiert und versenkt. Walter Spies war 47 Jahre alt.

DER OSTEN

Felsige Küsten, der heilige Berg Gunung Agung und Balis Muttertempel Besakih. Im Osten schlägt das spirituelle Herz der Insel. Nirgendwo sind sich Berge und Meer so nah wie hier.

Balis heiligster Berg. Standort des Muttertempels **Besakih** 10, Sitz der Götter und zugleich Mahnung, mit welcher Wucht sie zuschlagen können. Beim Ausbruch des Vulkans 1963 starben Tausende – Dörfer, Städte und das Zentrum des Königreichs Karangasem wurden zerstört, die Lava ergoss sich bis an die Küsten und schuf eine Landschaft von dramatischer Schönheit. Rund um die hoch gelegenen Dörfer am Fuß des Vulkans wird Reis angebaut. In der ländlichen, nur durch wenige Straßen erschlossenen Region kommen Sie dem ursprünglichen Bali ganz nah. Herrliche Wanderungen sind möglich, abenteuerliche Trekkingtouren und Erkundungen im spirituellen Kosmos der Balinesen.
Die Strände sind durch Raubbau an den Korallenriffen fast verschwunden, dennoch hat Ostbalis Küste ganz spezielle Reize. Für Taucher und Schnorchler ebenso wie für alle, die das nahe Bergmassiv erkunden oder

◀ Pura Besakih (▶ MERIAN TopTen, S. 113): das bedeutendste Heiligtum auf Bali.

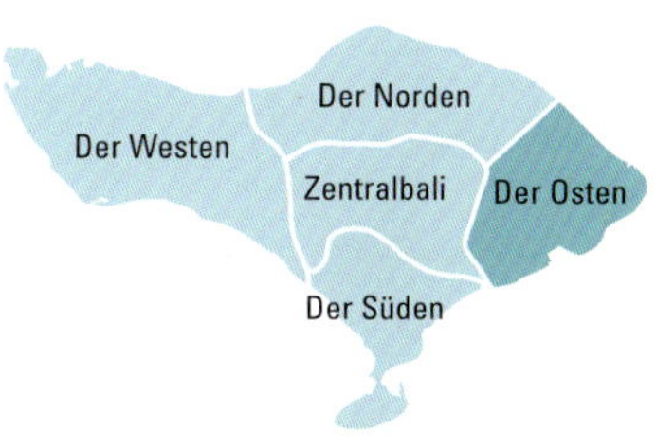

die Überreste der einst prachtvollen Paläste um Amlapura besichtigen möchten. Zu eigenständigen Feriengebieten entwickelte sich Amed mittlerweile ebenso wie die kleine, der Küste vorgelagerte Insel Nusa Lembongan, die allerdings aus Sicherheitsgründen besser von Sanur aus angesteuert wird.

NOSTALGISCHER CHARME

Touristisches Zentrum im Osten ist das Straßendorf Candi Dasa mit steilen Hängen zur einen und Meergrundstücken zur anderen Seite. Ein wenig ist noch übrig vom gelassenen Charme der 1980er-Jahre, als hier die ersten Strandbungalows entstanden. Mittlerweile erstreckt sich die Hotelzone aber von Manggis über Candi Dasa bis nach Bugbug. Auch die Buchten von Jasri, 10 km östlich von Candi Dasa, werden bald dazu gehören.

CANDI DASA  F 4

3500 Einwohner

Insgesamt findet man um Candi Dasa einen reizvollen Küstenstreifen vor mit einem breiten Angebot an Unterkünften, Warungs, kleinen Läden und Tauchschulen. Ein Standort mit einer Fülle von Möglichkeiten für einen Aktivurlaub: Tauchen, Schnorcheln, Bergwandern und Ausflüge zu den nahen Sehenswürdigkeiten.

SEHENSWERTES

Fürstenpaläste von Amlapura

In der gemütlichen Provinzhauptstadt sind die Fürstenpaläste sehenswert. Sie wurden zwar durch Naturgewalten und Kriege zerstört, zeugen aber bis heute mit ihrer großzügigen Anlage, den vielen Teichen und Gärten von der Pracht vergangener Tage. Am besten erhalten ist Puri Agung Kanginan, der Ende des 19. Jh. von den Holländern gebaut wurde als Zeichen der Kooperation mit den Fürsten Balis. Ein Teil der Anlage ist für Besucher geöffnet.

Jalan Gajah Mada | www.purikarangasem.com | tgl. 10–18 Uhr | Eintritt 5000 Rp.

12 km nördl. von Candi Dasa

Pantai Pasir Putih 

Candi Dasa kann leider nicht mit einem nennenswerten Strand aufwarten. Aber nur 5 km östlich finden Sie eine Bucht mit weißem Sand. Hier kann man gut baden und schnorcheln. Am Strand gibt es etliche traditionelle Warungs, die für Gäste auch Liegen und Sonnenschirme bereithalten.

Noch ein Geheimtipp und nicht leicht zu finden: Auf der Straße nach Amlapura biegt man im Ort Perasi Tengah rechts ab.
5 km östl. von Candi Dasa

Wollen Sie's wagen?

Die Dorfstraße Richtung Tenganan ist typisch für das ländliche Bali: schmal, streckenweise steil. Am Abzweig von der Küstenstraße warten immer einige »Ojek« auf Kunden: Die Mopedtaxen sind fester Bestandteil des Nahverkehrs und fahren auch dort, wo Autos nicht mehr weiterkommen. Sie nennen Ihr Fahrtziel, schwingen sich auf den Rücksitz und können Bali mit all seinen Farben, Gerüchen und Geräuschen aufnehmen. Preis bis Tenganan ca. 8000 Rp.

Tenganan

Landeinwärts, unweit von Candi Dasa, leben in einem Dorf Ureinwohner Balis (»Bali-Aga«) in vollständiger Isolation. Bekannt sind sie vor allem für ihre Palmblattmanuskripte und die komplizierten Webarbeiten – dem sogenannten Doppel-Ikat werden magische Schutzkräfte nachgesagt. Echte Stücke sind äußerst aufwendig hergestellt und nur zu Sammlerpreisen zu haben. An der Dorfstraße ansonsten das übliche Angebot von Souvenirs, und man hat zuweilen das Gefühl, in einem bewohnten Museum störend unterwegs zu sein. Anfahrt: Auf der Küstenstraße zwischen Padangbai und Candi Dasa führt die Straße hinauf in die Berge.
10 km nördl. von Candi Dasa

9 Tirta Gangga

Der Wasserpalast Tirta Gangga (1948) erstreckt sich über drei Ebenen mit Badebassins, Lotusteichen und Gärten. Alles ist so angelegt, dass das reizvolle Panorama mit sanften Hügeln, grünen Reisfeldern und dem Gunung Agung im Hintergrund nie aus dem Blick gerät. Die Wasserbecken, bewacht von Dämonen und Fabelwesen, werden aus heiligen Quellen am Fuß des Vulkans gespeist. Da das Wasser von den Gemeinden rundum für Zeremonien benötigt wird, kann man hier häufig Prozessionen sehen. Heute darf in den königlichen Bassins sogar gebadet werden. Das Versprechen auf ewige Jugend gibt es gratis dazu!
Tgl. 8–18.30 Uhr | Eintritt 20 000 Rp.
18 km nordöstl. von Candi Dasa

ÜBERNACHTEN

Cabe Bali

Traumhafte Lage – Oberhalb von Amlapura, mitten in den Reisfeldern und mit grandiosem Blick aufs Meer. Die Bungalows sind im Bali-Stil gestaltet, darüber hinaus wartet ein feiner Garten mit Pool und Restaurant. Der nächste Strand, Pasir Putih, ist 8 km entfernt. Wer gern wandert und das authentische Bali erleben will, wird hier glücklich sein.
Pekarangan, Lk Temega | Tel. 03 63/ 2 20 45 | www.cabebali.com | 6 Bungalows | €€
12 km nördl. von Candi Dasa

Lotus Bungalows

Romantisch – Schöne Bungalows in einer Anlage, die sich zum Meer hin öffnet. Infinite Pool, Spa und Restaurant. Dem Hotel ist eine Tauchbasis

Die Frauen in den Dörfern um Candi Dasa (▶ S. 105) beherrschen noch die traditionellen Webtechniken, mit deren Hilfe sie kostbare Stoffe fertigen.

angeschlossen, außerdem gibt es Trekking, Rafting und Ausflüge zu den Sehenswürdigkeiten.
Jalan Raya Candi Dasa | Tel. 03 63/4 11 04 | www.lotusbungalows.com | 20 Zimmer | €€

Rama Candidasa Resort & Spa

Luxus zu Standardpreisen – Die Anlage liegt direkt am Meer, zu Fuß ist man schnell im Zentrum. Großer Pool und ein toller Zen-Garten. Das Haupthaus ist perfekt eingebettet in die Parklandschaft. Restaurant mit fantastischem Blick auf die Lombok Strait.
Sengkidu | Jalan Sengkidu Raya | Tel. 03 63/4 19 74 | www.ramacandidasahotel.com | 18 Bungalows, 79 Zimmer | €€

Relax Resort

Hip mit Pool – Das kleine, freundliche Strandresort direkt im Ort bietet originell eingerichtete Bungalows.
Jalan Raya Candi Dasa | Tel. 03 64/5 41 47 | €

Tirta Ayu Hotel & Restaurant

Fürstliche Patina – Auf dem Palastgelände von Tirta Gangga und direkt

über einem Lotusteich residierte der Raja, wenn er die Arbeiten am Wasserpalast überwachte. Entsprechend glorios ist die Aussicht auf das Gelände.
Tirtagangga, The Water Palace | Tel. 03 63/2 25 03 | www.hoteltirtagangga.com | 2 Villen und 3 Zimmer | €€€

Turtle Bay Hideaway

Versteckter Solitär – Traditionelle Villen aus Holz, eingerichtet mit Liebe zum Detail. Einmalige Lage an einer schönen Bucht, abseits des Tourismus. Naturverbunden, organischer Garten mit allem, was die Küche braucht. Sie können sogar mit den Fischern rausfahren und das Abendessen angeln.
Jasri | Jalan Pura Mastima | www.turtlebayhideaway.com | 8 Zimmer | €€€
8 km nordöstl. von Candi Dasa

zen dive resorts

Ein Naturerlebnis – Der letzte Schrei in Sachen Tauchen und Schnorcheln. Ein ganzheitlicher Ansatz setzt auf Umwelt- wie Körperbewusstsein und verbindet das Naturerlebnis mit Meditation und Yoga. Auch unter Wasser! Technisch sind die zen diver bestens ausgestattet mit Masken, die das Atmen durch die Nase erlauben und das Freiheitsgefühl optimieren. Zum Programm gehören Touren zu allen populären Tauchgebieten der Insel. Die Zentrale sitzt in Candi Dasa.
Sengkidu | Jalan Sengkidu, neben dem Hotel Rama | Tel. 03 63/4 14 11 | www.zendivebali.com

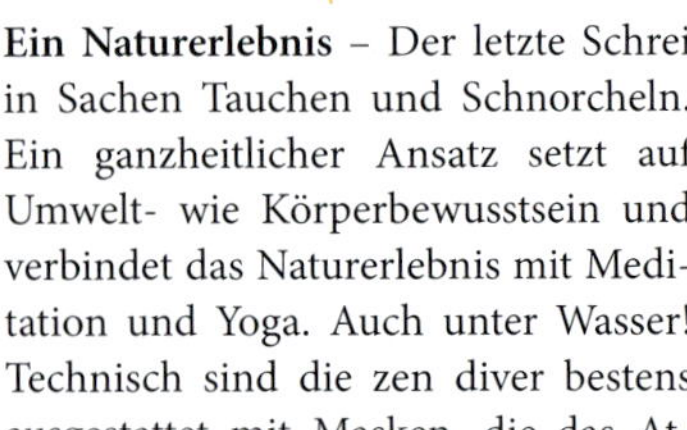

Baden in heiligen Wassern

Steigen Sie in die heiligen Wasser von Tirta Gangga mit Blick auf die Reisterrassen bis zur Küste. Die Bassins im Wasserschloss waren einst dem Herrscher von Karangasem vorbehalten, heute hat auch das Volk Zugang (▶ S. 14).

ESSEN UND TRINKEN

RESTAURANTS

Ari Homestay and Hotdog Shop

Einfach lecker – Gute, preisgünstige Cheeseburger und Hotdogs in schlichter Umgebung. Für den authentischen Geschmack sorgen die australisch-indonesischen Betreiber. Das kleine Restaurant liegt zwar direkt an der Hauptstraße, ist aber ein Treffpunkt für Traveller, die mal eine Reis-Pause einlegen und dazu ein kaltes Bier oder eine Apfelschorle genießen wollen. Oder ein üppiges Frühstück. Es werden auch Zimmer vermietet.
Jalan Raya Candi Dasa | Tel. 0 81/79 70 73 39 | www.arihomestay.com | tgl. 9–22 Uhr | €

Hungry Crocodile

Beliebt – Das 2015 eröffnete Restaurant entwickelt sich zum Szene-Treff vor allem wegen der ausgefallenen Musikprogramme am Sonntag. Dann ist Fusion angesagt, und es herrscht beste Stimmung. Gute Indonesische und internationale Küche.
Tipp: Catherine, die französische Besitzerin, hat sich oberhalb von Candi Dasa ein traumhaftes Anwesen gebaut und vermietet zwei Zimmer.
Jalan Raya Candi Dasa | Tel. 03 64/38 10 03 | E-Mail: hungrycrocodile2015@gmail.com | tgl. 10 Uhr, open end | €€

Rendezvous

Unaufgeregt – Direkt am Meer, nicht aufwendig, aber mit sehr guter Küche. International und indonesisch. Probieren Sie Seafood mit Ingwer!
Jalan Candi Dasa Raya | Tel. 03 63/ 4 19 29 | E-Mail: info@rendezvousrestaurantbali.com | tgl. 7–23 Uhr | €€

La Rouge

Ausgefallen – Bambus-Architektur in Kombination mit Louis-Quatorze-Mobiliar in Rot. Serviert werden europäische und indonesische Gerichte.
Jalan Raya Candi Dasa | Tel. 03 63/ 4 19 91 | www.larougebali.com | tgl. 10.30–23 Uhr | €€–€€€

Vincent's

Kult – Im romantischen Garten kommt Fusion auf den Tisch. Sehr gute Fischgerichte. Die Bar ist einer der Top-Orte in Candi Dasa. Jeden Donnerstag spielen Jazzbands.
Jalan Candi Dasa Raya | Tel. 03 63/ 4 13 68 | www.vincentsbali.com | tgl. 10.30 Uhr bis open end | €€

Warung Nyoman ▶ S. 29

SERVICE

AUSKUNFT

Karangasem Government Tourism Office

Karangasem | Jalan Diponegoro | Tel. 03 63/2 11 96 | www.tourism.karangasemkab.go.id

Tourist Information Office

Jalan Raya Candi Dasa (nahe der Lotus-Lagune) | Tel. 03 63/4 12 04 | unregelmäßige Öffnungszeiten

Wo man im Wasserpalast Tirta Gangga (▶ MERIAN TopTen, S. 106) auch hinblickt: Es fließt, strömt, rauscht und sprudelt – aus Pagoden und Springbrunnen, in Teichen und Becken.

Ziele in der Umgebung

 AMED  F3

23 000 Einwohner

Von Amlapura aus führt eine schmale, abenteuerlich zu befahrende Küstenstraße um den Gunung Seraya nach Amed. Die gesamte Gegend ist unter dem Namen Amed bekannt, besteht aber im Grunde aus mehreren Fischerdörfern. Steil abfallende Felswände zur einen, das azurblaue Meer zur anderen Seite, kommt man über Selang, Lipah, Bunutan und Jemeluk nach Amed. Die beiden letztgenannten Orte platzen mittlerweile aus allen Nähten. Schöner wohnt man in Selang, Bunutan oder Lipah. Die kleinen Hotelanlagen liegen entweder hoch über dem Meer oder an den kleinen, oft felsigen Buchten. Nachts, wenn die Fischer mit ihren »Jukungs« unterwegs sind, funkeln hunderte Laternen in der Dunkelheit. Morgens kehrt die bunte Armada zurück und bringt den Fang an Land. Diese Gegend überzeugt mit den besten Tauch- und Schnorchelgebieten.

33 km nordöstl. von Candi Dasa

SEHENSWERTES

Im gleichnamigen Ortsteil Amed kann man dabei zuschauen, wie mit jahrhundertealten Methoden Meersalz gewonnen wird. Kaufen Sie ein Kilo! In Europa kostet es ein Vermögen.

Die jüngste Attraktion: Seit 2013 verkehren täglich Speedboote zu den drei kleinen Atollen Gili Trawangan, Gili Meno und Gili Air vor der Nachbarinsel Lombok: der kürzeste Weg von Bali aus. In 1 Std. ist man im Schnorchelparadies der Gilis: autofrei und immer in Feierlaune.

Ganz traditionell, von Hand, wird in Amed (► S. 110) noch heute Meersalz geerntet. Übrigens: Die Preise für das »weiße Gold« sind kein bisschen gesalzen!

ÜBERNACHTEN

Anda Amed

Hanglage und beste Aussicht – Nett eingerichtete Bungalows mit großen Terrassen. Nur 2 Min. vom Kieselstrand entfernt.
Bunutan | Jalan Raya Bunutan | Tel. 03 63/2 34 98 | www.andaamedresort.com | 11 Zimmer | €€

Coral View Villas

Mit Blick auf den Ozean – Schöne Gartenanlage am Strand. Pool, Restaurant über dem Meer. Dem Resort angeschlossen ist das empfehlenswerte Euro & Dive Center (www.eurodivebali.com).
Lipah | Jalan Raya Bunutan | Tel. 03 63/2 34 93 | www.hiddenparadise-bali.com | 20 Bungalows | €€

The Griya

Vom Feinsten – In den Hang gebaute Luxusvillen mit sehr privater Atmosphäre, eigenem Pool und fantastischen Blickachsen. Spa, Restaurant und Rooftop-Bar. Das Hotel organisiert tolle Exkursionen.
Bunutan | Jalan Raya Bunutan | Tel. 03 63/2 35 71 | www.thegriya.com | 16 Villen | €€€€

Palm Garden Amed Beach & Spa Resort

In Bestlage – Traditionelle Villen unter Palmen. Schnorcheln direkt vom Strand aus, nebenan das Fischerdorf Lean. Die ideenreichen Schweizer Besitzer organisieren tolle Touren, haben beste Kontakte zur Gemeinschaft rundherum und ermöglichen den Gästen die Teilnahme am Alltag und an den Zeremonien des Dorfes.
Bunutan | Jalan Raya Amed | Tel. 0 82/8 97 69 18 50 | www.palmgardenamed.com | 13 Zimmer | €€€

Findet Nemo!

An den Küsten von Tejakula, Kubu, Amed und Pemuteran kann man direkt vom Strand aus schnorcheln. Hier ist man oft ganz allein unterwegs und kann die farbenfrohe Unterwasserwelt in aller Ruhe erkunden (▶ S. 14).

Selang Resort

Zimmer mit Aussicht – Einfach, aber direkt am Felsen von Selang und hoch über dem Meer. Das Gelände ist stark terrassiert. Pool und Restaurant.
Bunutan | Jalan Raya Bunutan | Tel. 0 85/2 37 50 67 39 | E-Mail: info@selangresort.com | 14 Zimmer | €

ESSEN UND TRINKEN

RESTAURANTS

Aquaterrace

Schöne Aussicht – Oberhalb der Steilküste von Selang. Gekocht wird in dem kleinen, familiären Restaurant japanisch und indonesisch. Vermietet werden auch drei große, freundliche Zimmer mit »Daybed« auf der Terrasse.
Bunutan | Jalan Raya Bunutan | Tel. 0 81/3 37 91 10 96 | €

Warung Enak

Warung Enak – Der »Leckere Warung« macht seinem Namen alle Ehre – deshalb meist voll! Probieren Sie die Barracuda-Spieße oder das Fischcurry!
Abang | Jalan Raya Amed | Tel. 0 81/19 15 67 90 19 | €–€€

AKTIVITÄTEN

Es gibt über 30 Tauchanbieter in Amed. Empfehlenswert sind das dem Coral View Resort angeschlossene Euro & Dive Center und Eco-Dive Bali.

Kuda Hitam Express 

Seit 2013 verkehren zwischen Amed im Nordosten und den Gili Islands vor der Nachbarinsel Lombok Speedboote. Es ist die schnellste und kürzeste Verbindung. Nach nur 1 Std. legen die Boote auf Gili Trawangan, Gili Meno oder Gili Air an und fahren dann weiter nach Lombok. Die vorerst beste, schnellste und billigste Möglichkeit, einen Bali-Urlaub mit einem Abstecher auf die Nachbarinseln zu verbinden. Ausgedacht hat sich das der Kanadier John. Er lebt seit 18 Jahren auf Bali, betreibt die Tauchschule Eco-Dive Bali und kennt alle geheimen Plätze

Amed, Jemeluk | Mainstreet | Tel. 03 63/2 34 82 | www.kudahitmexpress.com | einfache Fahrt zu den Gilis 660 000 Rp., Hin- und Rückfahrt 1 100 000 Rp.

◎ PADANGBAI  F 4

13 300 Einwohner

Das einstige Fischerdorf ist Balis Tor zu den östlichen Inseln des Archipels. Am Hafenterminal liegen die Fähren, an den Stränden rundum noch die kleinen Auslegerboote der Fischer. Von hier aus verkehren auch die Schiffe zu den Inseln Nusa Penida, Lembongan und Ceningan, die sich zu beliebten Zielen für Taucher und Schnorchler entwickeln. Entsprechend viele Tauchschulen haben sich deshalb in Padangbai angesiedelt. Hauptattraktion war lange Zeit die Blue Lagoon, leuchtend blau am weißen Strand. Immer noch gut zum Schnorcheln, aber leider heute ein wenig zugebaut.

13 km nordwestl. von Candi Dasa

ÜBERNACHTEN

Bloo Lagoon Village

Top-Lage – Oberhalb der Blue Lagoon liegt das Villen-Hotel auf einem Hügel. Herrliches Panorama, ein idealer Platz, um den Sonnenaufgang über dem Meer zu erleben. Die Villen sind individuell und geschmackvoll eingerichtet. Das australische Management organisiert Tauchausflüge und diverse andere Aktivitäten.

Manggis | Jalan Silayukti | Tel. 03 63/ 4 12 11 | www.bloolagoon.com | 25 Villen | €€–€€€

◎ GUNUNG AGUNG UND UMGEBUNG  E/F 3

Dichte Wälder, Schluchten und Flusstäler, Reisterrassen und Plantagen im Wechsel – überall Panoramablicke, an klaren Tagen reichen sie bis an die Küste von Candi Dasa. Am Straßenrand können Sie nie gesehene Früchte kaufen: Durian, Salak oder Rambutan, aber auch massenweise Mangos. Die Region mit ihrer dramatischen Schönheit, den vielen Sehenswürdigkeiten, der Nähe zum Meer und den Wandermöglichkeiten erlebte in den vergangenen Jahren einen enormen Aufschwung. Viele Besucher wollen sich nicht mehr mit einem Tagesausflug zu Balis Muttertempel **Pura Besakih** ★10 oder einer organisierten Trekking-Tour begnügen und machen für ein paar Tage Station, um in Ruhe die Gegend zu erkunden. Der Rhythmus ist gemächlich, und die Menschen begrü-

Der Hafen von Padangbai (▶ S. 112) ist neben Sanur ein guter Ausgangspunkt, um mit dem Boot die Nusa-Inseln Penida, Lembongan und Ceningan (▶ S. 128) anzusteuern.

ßen den Fremden mit freundlicher Neugier. Die meisten Unterkünfte finden Sie in Sidemen und in den umliegenden Dörfern.

27 km nordwestl. von Candi Dasa

SEHENSWERTES

Pura Besakih

Der erste Eindruck ist überwältigend. Viele mehrstöckige Merus ragen in die Berglandschaft, dahinter der Dreitausender Gunung Agung. Beim Näherkommen wird allerdings schnell klar, dass Magie und Mammon auf Bali mittlerweile Hand in Hand gehen. Der Zugang zum Muttertempel ist gesäumt von Buden, überall warten fliegende Händler und Guides auf Kundschaft. Ein Spießrutenlaufen, bevor man die riesige Anlage erreicht. Überragt wird die Szenerie vom Haupttempel **Pura Agung Penataran**, errichtet für die drei zentralen Gottheiten Brahma, Vishnu und Shiva. Zu seinen Füßen sind die anderen Tempel angeordnet, alle mit eigenem Namen, jeder für spezielle Gottheiten. Dazu Pavillons für gemeinsame Mahlzeiten und Opfergaben, Versammlungsplätze und Meru-Schreine. In Letzteren erinnern sorgfältig in Stoff gehüllte Lingga-Steine aus der Metallzeit daran, dass der Ort bereits Anfang unserer Zeitrechnung als Ahnen- und Bergheiligtum verehrt wurde – lange bevor Anfang des 10. Jh. König Kesari Warmadewa die heutige Tempelanlage bauen ließ. Der Mythologie zufolge hatten die Hindugötter kurz vorher den Gunung Agung von Indien nach Ostbali versetzt und zu ihrem Sitz erkoren. Der Besakih gilt deshalb als der Tempel der Tempel, als Zentrum des Universums, er ist Dreh- und Angelpunkt für jeden gläubigen Balinesen. Zu den Jahresfesten nach Nyepi, wenn alle Götter zu den Menschen herabsteigen, strömen Abertausende in prächtigen Prozessionen zum Besakih. Zu Eka Dasa Rudra, der Jahrhundertfeier, wenn die dämonischen Kräfte und die zerstörerischen Erscheinungsformen Shivas besänftigt werden müssen, ist ganz Bali auf den Beinen. 1963 war solch ein Jahr. Bei der Vorbereitung des Festes sprengte eine gewaltige Eruption den oberen Teil des erloschen geglaubten Vulkans. Lavaströme flossen bis ins Meer und begruben einen Großteil Ostbalis unter sich. Tausende starben. Aber alle, die im Besakih ihre Zeremonien für Shiva vorbereiteten, blieben unverletzt. Die Lava kam exakt vor den Mauern des Tempels zum Stillstand. Die besondere Ausstrahlung des Orts geht heute im Massenansturm leider ein wenig unter.

🕓 Kommen Sie früh morgens. Dann ist der Vulkan noch nicht in Nebel gehüllt, und Sie haben 2 Std., bevor die Touristenbusse anrollen.

Tgl. 8–17 Uhr | Eintritt 10 000 Rp., Kameras kosten extra

Der schweißtreibende Aufstieg zum 3142 m hohen Gipfel des Gunung Agung (▶ S. 115), dem höchstgelegenen Vulkan Balis, wird mit einem grandiosen Panoramablick belohnt.

AKTIVITÄTEN

Besteigung des Gunung Agung

Alle Unterkünfte in Sidemen, in Candi Dasa auch die dort ansässigen Agenturen, organisieren Trekkings zum Gipfel des Vulkans. Gute Kondition ist vorausgesetzt, aber dann erleben Sie ein wahres Highlight. Los geht es nachts, entweder in Sebudi am Pura Pasar Agung oder direkt am Besakih. Der Aufstieg über Sebudi gilt als etwas einfacher, führt zunächst durch den Bergwald, dann über Geröllfelder und nach einer steilen Strecke bis auf den Kraterrand. Idealerweise erreicht man das Ziel nach 4 Std. rechtzeitig zum Sonnenaufgang. An klaren Tagen genießen Sie hier einen unvergleichlichen Rundblick und ein Himmelsspektakel erster Klasse. Ambitionierter ist die Besteigung vom Besakih aus, der Pfad führt über die Westflanke des Gunung Agung direkt zum Gipfel, die steilen Pfade verzweigen sich oft, ohne Guide geht gar nichts. Buchen Sie Ihre Tour am besten in der Trockenzeit, dann sind Sie auf der sicheren Seite (ca. 400 000 Rp.).

SIDEMEN E4

7000 Einwohner

Üppiges Grün, Flusstäler und sanfte Hügel umgeben das Dorf. Die Gegend wird zu Recht gerühmt für ihre Schönheit, die spirituelle Ausstrahlung und den ruhigen Lebensstil. Es ist kühl, in den Nächten hören Sie statt einer Klimaanlage das Konzert von Tropenvögeln, Insekten und Fröschen, und tagsüber können Sie sich an den Farben der Natur berauschen. Der Künstler Walter Spies (▶ S. 100) kam schon in den 1930er-Jahren hierher, wenn es ihm in Ubud zu viel wurde. Wer die magischen Landschaften seiner Gemälde sucht, wird hier fündig. Alles ist ursprünglich – die Bauern halten es noch genau mit der Tradition, und die Gemeinden rundum lassen Gäste gern teilhaben am Alltagsleben. Sidemen ist ein strategisch günstiger Standort für ein vielseitiges Urlaubsprogramm: Sie können beispielsweise zum Tauchen ans Meer, am nächsten Tag den Gunung Agung bezwingen, einen der vielen Tempel besuchen oder einfach nur die Seele baumeln lassen.

ÜBERNACHTEN

Krishna Homestay E4

Viel Atmosphäre – Ein neues »Homestay« in Bilderbuchlage, mitten in einem organischen Garten, aus dem sich auch die Gäste bedienen dürfen, und mit toller Aussicht auf Wälder und Berge. Ein Musterbeispiel für den neuen, in die Dorfgemeinschaft integrierten Tourismus und den familiären Umgang mit Gästen.

Banjar Tabola | Tel. 0 81/5 58 32 15 43 | www.pinpinaryadi007.wix.com | 5 Bungalows | €

Samanvaya Cottages ▶ S. 25

Subak Tabola

Oase der Ruhe und Entspannung – Auf dem Gelände erstreckt sich ein schöner Garten mit Lotusteichen. Sehr geschmackvolle Einrichtung. Wie üblich in Sidemen öffnen sich die Bungalows der Natur. Spa, Yoga, Meditation und Trekking.

Banjar Tabola | Tel. 0 81/13 86 61 97 | www.subaktabolavilla.com | 11 Zimmer | €€

Surya Shanti Villa

Panorama – Vom oberen Rand des Tals hat man die Reisterrassen und den Gunung Agung im Blick. Neben den ortsüblichen Aktivitäten gibt es jeden Do und Sa Gamelan-Musik und balinesische Tänze. Das Surya Shanti ist eines der wenigen Häuser mit Klimaanlage. Das ist wichtig für alle, die wegen der Insekten Probleme mit der in Sidemen üblichen offenen Bauweise haben könnten.

Banjar Tabola | Tel. 0 85/2 37 34 55 74 | www.suryashantivilla.com | 11 Zimmer | €€€

Wollen Sie's wagen?

Sie ist riesig, verbirgt unter ihrem stacheligen Äußeren stinkenden Schleim und gilt in ganz Indonesien als das Nonplusultra unter den Früchten: die Durian. Hotels weisen vorsorglich darauf hin, dass Gäste die Stinkfrucht bitte nicht im Zimmer aufbewahren sollten, sind aber in der Küche gern bereit, für Sie die Frucht zu öffnen. Eine wahre Mutprobe, die glitschigen Segmente dann in den Mund zu stecken – belohnt durch einen Geschmack, der einzigartig ist und für den Einheimische tief in die Tasche greifen.

ESSEN UND TRINKEN

Es gibt noch keine Gastroszene in Sidemen. Die meisten Restaurants sind den Hotels angeschlossen. Besonders beliebt ist das Restaurant im Samanvaya, wegen des guten Essens, aber auch wegen der spektakulären Aussicht.

Gut und günstig isst man im Lihat Sawah. Neben Pizza und Thaifood gibt es balinesische Gerichte. Das Ambiente ist unaufgeregt schlicht, die Aussicht grandios. Zum Restaurant gehört ein einfaches, hübsches »Homestay«.

Banjar Tabola | Tel. 03 66/5 30 05 16 | www.lihatsawah.com | €

KLUNGKUNG (SEMAPURA)

E 4

20 000 Einwohner

Eine Kleinstadt mit geschäftigen Straßen, zahlreichen kleinen Warungs und Restaurants und einem lebendigen Markt im Zentrum. Wenig erinnert daran, dass die Gelgel-Dynastie von hier aus über Jahrhunderte ganz Bali regierte und das kulturelle Leben der Insel prägte. Balinesen verbinden das goldene Zeitalter der Künste mit diesem Ort. Es ging zu Ende, als das Königreich dem Druck der Holländer nicht mehr standhalten konnte. 1908 warfen sich der letzte König, seine Familie und der gesamte Hofstaat in einem rituellen Todesmarsch (Puputan) den Waffen der Invasoren entgegen. Einige Sehenswürdigkeiten vermitteln noch einen Eindruck von der historischen und kulturellen Bedeutung Klungkungs. Es gibt keine touristische Infrastruktur, aber ein Ausflug lohnt, wenn man in Candi Dasa, Padangbai oder Sidemen sein Quartier hat.

SEHENSWERTES

Taman Gili (Kertha Gosa)

Viel ließen die Holländer nicht übrig vom königlichen Palast Semara Pura. Einen Eindruck vom einstigen Glanz vermittelt die Gerichtshalle Kertha Gosa. In diesem Pavillon sprachen noch zu holländischer Zeit Brahmanen Recht: Über den Köpfen der Richter und Verurteilten schwebten auf riesigen Deckengemälden Darstellungen der gebräuchlichen Strafen, beunruhigende Szenen, gemalt im Stil des klassischen Wayang – nirgendwo sonst auf Bali zu sehen.

Jalan Puputan | tgl. 7–17 Uhr | Eintritt 12 000 Rp.

SERVICE

AUSKUNFT

Klungkung Government Tourism Office

Jalan Surapati 3 | Tel. 03 62/2 14 48 | www.disbudparklunkung.com | Mo–Fr 8–14 Uhr

Ziele in der Umgebung

◎ KAMASAN E4

Das kleine Dorf, in dem bis heute der klassische Wayang-Malstil gepflegt wird, findet, wer der Jalan Puputan Richtung Süden nach Gelgel folgt. 2 km außerhalb der Stadt dann links der Abzweig nach Kamasan, wo einige Studios Besuchern ihre Türen öffnen. Das Kamasan Arts Centre unterstützt Sie bei Atelierbesuchen und mit Informationen über die Geschichte des Dorfes, das einst Dreh- und Angelpunkt der höfischen Kultur war.

Kamasan Arts Centre | Tel. 03 61/ 46 26 11 | unregelmäßige Öffnungszeiten

4,5 km südl. von Klungkung (Semapura)

◎ GOA LAWAH  E4

An der Küstenstraße zwischen Padangbai und Kusamba lohnt ein Stopp bei der Goa Lawah. Nicht nur eine Fledermaushöhle, sondern zugleich eine heilige Stätte. Direkt am Eingang steht ein dem Gott Maheswara geweihter Tempel, der als Todestempel gilt und in dem regelmäßig Verbrennungsrituale zelebriert werden. Dahinter liegt eine Höhle, in der Abertausende Fledermäuse dicht gedrängt von der Decke hängen. Angeblich reichen die Höhlengänge bis hinauf zum Besakih. Ein etwas unheimlicher Ort, in den sich Besucher nicht allzu weit vorwagen, weil in den Tiefen giftige Pythonschlangen leben sollen.

Tgl. 9–17 Uhr | 10 000 Rp., Leihsarong und Schärpe inkl.

10 km südöstl. von Klungkung (Semapura)

Das Innehalten zelebrieren

Überall auf Bali bietet sich Gelegenheit, eine der zahllosen Zeremonien und Prozessionen zu erleben. Unbeirrt von den fremden Sonnenanbetern vollziehen die Balinesen ihre Rituale auch an den Stränden. Ein Augenblick zum Innehalten (▶ S. 14).

MUSEEN UND GALERIEN

Museum Seni Lukis Klasik Bali

Der berühmte Künstler Nyoman Gunarsa errichtete das Museum für klassische und moderne Kunst im nahen Dorf Takmung. Neben seinen eigenen Werken verdient die riesige Sammlung traditioneller Kunst und Artefakte Aufmerksamkeit.

Takmung | ca. 5 km westl. vom Zentrum an der Straße nach Gianyar | Mo–Sa 9–16 Uhr | Eintritt 50 000 Rp.

DER NORDEN

Sanft plätschern die Wellen an dunkle Lavastrände, im Hintergrund beeindrucken die Vulkanmassive von Gunung Agung und Gunung Batur. Der Norden ist still, die Berge von beeindruckender Schönheit.

Die Küsten des Nordens sind schwarz und oft steinig. Abgesehen vom alten Hippiedomizil Lovina sind weite Strecken der Küste noch kaum bekannt. Reizvoll sind die Orte Tejakula und Kubu mit ihren parkähnlichen Hotelanlagen. Wer gern in ruhigem Wasser schwimmt, schnorchelt und mehr von Schwarmfisch hält als von Touristenschwärmen, ist hier bestens aufgehoben. Das zentrale Bergmassiv hingegen lockt mit klaren Bergseen, Flüssen und wunderschön in die Landschaft eingebetteten Tempeln. Vor allem die Gegend um die Seen Tamblingan und Buyan zieht immer mehr Gäste an, die zum Wandern oder Trekken kommen.

KNOTENPUNKT SINGARAJA

Singaraja war lange Balis Tor zur Außenwelt und ein Ort der kulturellen Mischungen. Bis heute ist die Hafenstadt wichtigster Knotenpunkt der

◄ Abendstimmung: Noch herrscht am Strand von Lovina (▶ S. 119) reges Treiben.

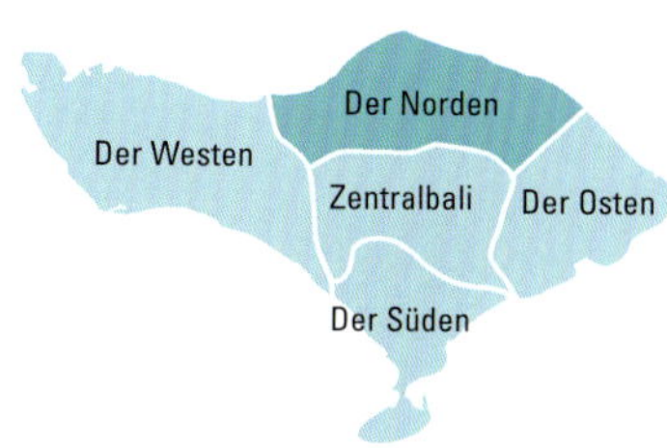

Provinz Buleleng, aber Touristen machen hier eher selten Halt. Dabei lohnt wenigstens ein Stopp! Breite Avenuen, pittoreske Gärten und die von den Holländern erbauten Villen strahlen immer noch koloniale Grandezza aus, im alten arabischen Viertel nahe der Docks blüht der Handel, hinter den Arkaden zwischen Jalan Dewi Sartika und Jalan Veteran liegen die Werkstätten und Läden der Seidenweber. Hier Stoff zu kaufen und dann ein Kleidungsstück nach Maß anfertigen zu lassen, ist eine kleine Kostbarkeit, die Ihren Aufenthalt in Bali unvergesslich macht.

SINGARAJA D2

100 000 Einwohner

SEHENSWERTES UND MUSEEN UND GALERIEN

Gedong Kirtya

Bibliothek und Museum im alten Palastgebäude Sasana Budaya. Eine weltweit einzigartige Sammlung von alten Lontar-Schriften (aus Holz oder Palmblättern) und 8000 Bände aus der Kolonialzeit.

Jalan Veteran 20 | Mo–Fr 8–16 Uhr | Eintritt 10 000 Rp.

SERVICE

AUSKUNFT

Singaraja Tourist Information

Jalan Veteran 23 | Tel. 03 61/2 51 41

Ziele in der Umgebung

◎ LOVINA C2

30 000 Einwohner

Das aus mehreren kleinen Gemeinden bestehende Straßendorf zog früher in erster Linie Hippies an, hat aber inzwischen viel von seinem Charme eingebüßt. In dem größten Badeort an der Nordküste finden Sie bessere Unterkünfte als in Singaraja.

6 km südwestl. von Singaraja

ÜBERNACHTEN

Damai

Gutes Hideaway – Das Hotel mit hübschen Villen liegt am Hang mit herrlichem Blick auf Berge und Meer. Schöner Garten mit Infinite Pool. Das Restaurant genießt weithin einen tollen Ruf. Shuttle zum Ortskern.

Kayuputih | Jalan Damai | Tel. 03 62/ 4 10 08 | 14 Villen | €€€–€€€€

The Lovina

Strandlage – 2012 erbaut am ruhigen Strandabschnitt, zahlreiche Bars und Restaurants sind aber zu Fuß zu erreichen. Eine schöne Anlage mit luxuriösen Suiten und Villen.

Jalan Mas Lovina | Tel. 03 62/3 43 58 00 | www.thelovina.com | 66 Villen und Suiten | €€€

ESSEN UND TRINKEN

RESTAURANTS

Buda Bakery & Resto

Schöne Terrasse – Super leckeres Essen und herrlicher »cheese cake« auf der Terrasse über einer Bäckerei.
Jalan Damai | Tel. 0 81/24 69 17 79 | €€

Warung Jegeg

Authentisch – Ein landestypischer Warung. Neben dem gutem Essen erfreuen sich auch die Kochkurse großer Beliebtheit.
Jalan Raya Lovina, neben der Bibliothek Coba Baca | Tel. 0 81/3 37 99 60 96 | tgl. 8–22 Uhr | €–€€

AKTIVITÄTEN

Delfine

Überall im Ort bieten Veranstalter und Bootsführer für 60 000 Rp. Dolphin Watching an. Frühmorgens starten die Touren aufs offene Meer, oft sind Dutzende von Booten auf der »Jagd«.
Mit Delfinen im Pool schwimmen kann, wer über die nicht artgerechte Haltung hinwegsehen mag.
Melka Excelsior Dolphin & Wildlife Resort | Jalan Raya Kalibukbuk | Tel. 03 62/4 15 62 | www.melkahotelbali.com | Preis 1 300 000 Rp.

Tauchen und Schnorcheln

Die Korallengärten in der Nähe werden zumeist mit »Jukungs«, den traditionellen Auslegerbooten, angesteuert. Möglich sind auch Tagesausflüge zu den berühmten Spots im Nordwesten oder Osten der Insel. Der beste Anbieter ist:
Arrows Dive Centre Bali | Jalan Mawar | www.arrows-dive.com | Tel. 03 62/4 15 04 | Tauchgang ca. 65 $

Touren

Bali Vespa Tours bietet ungewöhnliche Ausflüge an. Inspiriert vom balitypischen Ojek-System, bei dem Mopeds als Taxiersatz dienen. Man nimmt auf dem Sozius Platz, genießt den leichten Fahrtwind und den unmittelbaren Kontakt zur Umwelt.
Anturan | Jalan Kibarak | Tel. 0 81/3 38 12 92 26 | www.bali-vespa-tour.com | Tagestouren ab 40 $

◎ BRAHMA VIHARA ARAMA C2/3

In Dencarik wartet das größte buddhistische Kloster Balis. Ein Bau, der mit seinen Stupas und der balinesischen Ornamentik deutlich macht, wie in Nordbali verschiedene Kulturen miteinander in Kontakt getreten sind.
15 km südwestl. von Singaraja

◎ AIR PANAS BANJAR C2

Auf dem Weg nach Dencarik – etwa 7 km westlich von Lovina, Abzweig links in die Jalan Raja Ida Made Rai – sprudeln heiße Quellen inmitten tropischer Vegetation. Dem sulfatreichen Wasser werden besondere Heilkräfte nachgesagt, es soll u. a. Rheuma und Gelenkschmerzen lindern.
24 km südwestl. von Singaraja

◎ GITGIT WASSERFÄLLE D2

Drei Wasserfälle stürzen von den Hängen des Zentralmassivs in die Dschungellandschaft. Auf der Straße nach Bedugul stehen in einer scharfen Linkskurve Hinweisschilder. Dann geht es ca. 20 Min. zu Fuß die Schlucht hinunter. Der Weg kann problemlos ohne Guides bewältigt werden.
Eintritt 5000 Rp.
10 km südl. von Singaraja

SERIRIT

C2

70 000 Einwohner

Für alle, die relaxen und richtig runterkommen möchten, absolut »stressless«, warten westlich von Singaraja und rund um den Ort Seririt ein paar besondere Resorts.

22 km westl. von Singaraja

ÜBERNACHTEN

Kali Manik Eco Resort

Familiäre Atmosphäre – Ausgefallene Bambushütten direkt am Meer, verteilt auf einem großen, naturbelassenen Gelände. Alles hier ist öko und auf Nachhaltigkeit angelegt. Dazu eine gute Küche, die mit Zutaten aus dem eigenen Anbau aufwarten kann.

Tel. 03 62/70 6 48 88 | www.bali-eco-resort.com | 8 Hütten | €€

5 km westl. von Seririt

Zen Resort Seririt

Spirituell – Eine wunderschöne Anlage mit tropischer Fülle über dem Meer. Wie der Name schon andeutet, ist das Resort spezialisiert auf Ayurveda, Meditation und Yoga.

Desa Ume Anyar | Tel. 03 62/9 35 78 | www.zenresortbali.com | 14 Bungalows | €€€

TEJAKULA

E2

53 000 Einwohner

Unterhalb des Gunung Batur scheint der Massentourismus Lichtjahre entfernt. Die steinigen Strände sind weitläufig, die der Küste vorgelagerten Korallenriffe wunderschön und unberührt. Hier bekommen Sie viel für Ihr Geld, haben eine gute Basis für Ausflüge in die Berge und absolute Ruhe.

33 km östl. von Singaraja

Schon in den frühen Morgenstunden bringen kleine Auslegerboote Touristen zu den Delfinen (▶ S. 120). Die friedlichen Meeressäuger werden vom Garnelenreichtum angelockt.

ÜBERNACHTEN

Alam Anda

Zum Abtauchen – Meer, balitypische Bungalows, Palmen. 700 qm großer Wellnessbereich mit Ayurveda. Man kann direkt vom Strand aus schnorcheln und das Riffprojekt bewundern. Mit Werner-Lau-Tauchbasis.

Sambirenteng 1 | Tel. 0 81/24 65 64 84 | www.alam-anda.com | 25 Bungalows | €€

Cili Emas

Familiär – Die Anlage liegt direkt am Meer. Schöner Garten mit Pool und offenem Restaurant. Eine Besonderheit sind hier die fast kurartigen Wellnessangebote.

Tejakula | Jalan Pantai Segara | Tel. 0 87/2 45 67 39 | www.ciliemas.com | 7 Bungalows | €€

KUBU

F3

61 000 Einwohner

Nur 3 km westlich von Tulamben, das wegen der vor der Küste versunkenen »Liberty« zu den beliebtesten Tauch- und Schnorchelspots Balis gehört, entstanden in den vergangenen Jahren schöne Resorts. Die bessere Wahl im Vergleich zu den Unterkünften im leicht heruntergekommenen Tulamben. Ein guter Standort für ruhige Ferientage mit zahlreichen Ausflugsmöglichkeiten in die Bergregionen und zu den besten Tauchrevieren des Ostens.

ÜBERNACHTEN

Kubu Indah

Behagliche Atmosphäre – Hübsche Anlage auf 1,2 ha Grün unter schweizerisch-dänischer Regie. Direkt am Meer. Pool, Spa, Restaurant und Tauchbasis.

Schön und ruhig liegt der Danau Buyan (▶ S. 123), eingerahmt von einsamen Wäldern, im stillen Norden der Insel. Die Gegend um den See steht unter Naturschutz.

Die stille Stunde des Sonnenaufgangs im Norden

Stellen Sie den Wecker auf fünf und suchen sich im nachtkühlen Sand ein Plätzchen. Am Horizont leuchtet es schon silbrig. Bald taucht der orange-gelbe Sonnenball hinter dem Meer auf – die Stunde, in der Bali den neuen Tag begrüßt (▶ S. 15).

Karangasem | Jalan Amlapura-Singaraja | Tel. 0 81/3 37 71 28 61 | www.kubuindahresort.com | 15 Bungalows und 2 Privatvillen | €€

Siddhartha

Bezahlbarer Luxus – Lichtdurchflutete Bali-Pavillons in einem fast 3 ha großen Park. Die satten Wiesen reichen bis an den Küstensaum, die mintgrüne Poollandschaft scheint überzugehen in das Azur des Ozeans, in dem das Hausriff zum Tauchen und Schnorcheln einlädt. Zum Resort unter deutsch-schweizerischer Leitung gehört eine Werner-Lau-Tauchbasis.

Karangasem | Jalan Amlapura-Singaraja | Tel. 03 63/2 30 34 | www.siddhartha-bali.com | 33 Bungalows | €€€–€€€€

AKTIVITÄTEN

Hideaways in Kubu

Die vor der Nordostküste gesunkene »Liberty« zieht seit Jahren Scharen von Tauchern und Schnorchlern an. Aber kaum jemand weiß, dass nur 3 km westlich von Tulamben in Kubu wunderbare Resorts entstanden sind, in denen totale Ruhe und Erholung garantiert sind. Waren in den Hotels früher hauptsächlich Taucher anzutreffen, wächst die Zahl der Genussreisenden stetig. Wenn man gern schnorchelt, schwimmt oder taucht, gibt es kaum einen besseren Ort auf Bali.

Ziele in der Umgebung

◎ DANAU BUYAN UND DANAU TAMBLINGAN D3

Auf dem Weg nach Bedugul, südlich von Singaraja und bei Wanagiri, führt eine kleine Landstraße hinein in die malerische Hochebene mit den Zwillingsseen Danau Buyan und Danau Tamblingan. Eingebettet in den Kraterrand und umgeben von dichten Wäldern laden sie ein zu schönen, aber eher ambitionierten Wanderungen. Der einst verschlafene Ort Munduk zieht immer mehr Besucher an, die von hier aus auch die weitere Umgebung erkunden. Es gibt viele kleine Hotels.

Ca. 36 km südöstl. von Singaraja

ÜBERNACHTEN

Puri Lumbung

Öko-Pionier – Schloss Reisspeicher wäre die treffende Übersetzung. Das kleine Resort war vor Jahren Vorreiter für den neuen Öko-Tourismus. Übernachtet wird in restaurierten Reisspeichern und in ausgesprochen toller Lage an einem Fluss.

Munduk Village | Jalan Raya Munduk | Tel. 03 62/7 01 28 87 | www.purilumbung.com | 16 Zimmer | €€€

ESSEN UND TRINKEN/ EINKAUFEN

Kaffeerösterei Pulau Bali

In Munduk wird übrigens der beste Kaffee angebaut und nach uralten Methoden geröstet. Die Rösterei Pulau

Bali lässt Besucher zuschauen und verkosten. Direkt gegenüber – im Restaurant Don Biyu – wird sensationell gekocht. Auf dem traditionellen Anwesen gibt es auch Gästezimmer (€).
Munduk Village | Jalan Raya Munduk | Tel. 0 81/9 36 56 74 37

DANAU BRATAN D3

Ein zentraler Anlaufpunkt im Bratan-Bergmassiv sind der Danau Bratan und ein Tempel, der in den See hineinzuwachsen scheint. Gegen Mittag setzt Betriebsamkeit ein: Jetskis drehen ihre Runden auf dem See und Motorboote, die Fallschirmflieger in die Höhe ziehen. Zugegeben ein Vergnügen, weil man von oben einen tollen Rundblick genießt, aber doch irritierend. Der See selbst versorgt weithin die Felder mit seinen »heiligen« Wassern. Das und die fruchtbare Vulkanerde machten die Region zu einem wichtigen Anbaugebiet. Was die Felder hergeben, wird auf dem Markt von Candi Kuning, direkt an der Hauptstraße, feilgeboten.
Ca. 40 km südöstl. von Singaraja

ÜBERNACHTEN

Puri Candikuning Retreat

Die kleine Anlage am See verfügt über einen eigenen Badesteg.
Candi Kuning | Jalan Candikuning, km 52 | www.puricandikuning.com | 6 Zimmer | €€–€€€

AKTIVITÄTEN

Botanischer Garten (Kebun Raya)

Auf der Strecke zwischen Candi Kuning und Bedugul stehen die Hinweisschilder auf den riesigen Botanischen Garten Balis. Man kann ihn tagelang durchstreifen und hat noch längst nicht alles gesehen. Angegliedert ist der Bali Treetop Adventure Park, ein Hochseilgarten mit sieben aufregenden Parcours, der anspruchsvollste verläuft in schwindelnder Höhe von 20 m.
www.balitreetop.com | tgl. 8.30–18 Uhr | Eintritt 22 $, Kinder 14 $

Pura Ulun Danu Bratan

Der Tempel ist Dewi Danu, der Göttin des Meeres und der Seen, gewidmet. Ihr Sitz ist die dreistufige Meru-Pagode, die am weitesten vom Ufer entfernt ist. Näher am Ufer steht eine elfstufige Pagode – der Überlieferung nach für Dewa Pucak Manu bestimmt. Diese ebenfalls mit dem Wasser verbundene Schöpfergottheit soll nach der Sintflut die Menschheit neu erschaffen haben und gilt auf Bali als Begründer des Hinduismus. Interessant ist, dass am Danau Bratan noch ein anderer Religionsstifter verehrt wird: Gautama Buddha. Ein weiterer Hinweis, in welchem Ausmaß der balinesische Hinduismus buddhistische Elemente aufgenommen hat. Morgens spiegeln sich die Pagoden im glitzernden See.
Tgl. 8–18 Uhr | Eintritt 30 000 Rp.

LAKE BATUR E3

Mit 12 km Durchmesser zählt der See zu den größten der Welt. Unschwer vorzustellen, welche Naturgewalten diese Landschaft einst geschaffen haben. In Penulisan lohnt ein Abstecher zum Pura Tegeh Koripan, dem höchstgelegenen Tempel Balis. Schweißtreibende 333 Stufen führen hinauf, aber der Panoramablick ist an klaren Tagen unschlagbar. Weiter führt die Straße am Kraterrand über den Marktflecken Kintamani nach Penelokan, wo ein

weiterer Aussichtspunkt liegt. Die Restaurants dort haben Raststätten-Flair und werden stark frequentiert. Lohnenswerter ist eine Fahrt in den Krater nach Toya Bungkah oder – etwas oberhalb – Kedisan. Beide Orte bieten einfache Unterkünfte und Führungen für alle, die morgens zur Vulkanbesteigung aufbrechen wollen. Von Kedisan sind auch Bootsausflüge über den See möglich, u. a. zum Bali-Aga-Dorf Trunyan, bekannt durch seine besonderen Bestattungsriten: Die Toten werden unter großen Frangipanibäumen abgelegt und der Verwesung überlassen.
58 km südöstl. von Singaraja

ÜBERNACHTEN

Hotel Segara

Beste Wahl im Krater – Einfach, aber gut als Ausgangspunkt für Vulkantouren. Auch die heißen Quellen von Kedisan sind zu Fuß erreichbar.
Kedisan | Jalan Windusara | www.segara-hotel-kintamani.h-rez.com | 10 Zimmer | €

Lake View Hotel

Seeblick – Das einzige Haus mit vorzeigbarem Standard wird seinem Namen vollkommen gerecht: Alle Zimmer mit bester Sicht auf den See.
Penelokan | Jalan Raya Penelokan | Tel. 0 87/7 62 44 71 77 | 12 Zimmer | €–€€

ESSEN UND TRINKEN

Erwarten Sie nicht zu viel! Abgesehen von den Raststätten in Penelokan gibt es nur kleine Warungs und Garküchen. »Losmen« und Hotels haben eine kleine Karte mit den üblichen Standards. Nasi Goreng, Huhn, Pancakes & Co.

Ein Kleinod in traumhafter Lage am Lake Bratan: Die 1663 errichtete Tempelanlage Pura Ulun Danu Bratan (▶ S. 124) ist der Wasser- und Meergöttin Dewi Danu geweiht.

Auch die Gestaltung der Reisterrassen folgt dem Prinzip von Harmonie und Schönheit.

TOUREN

AUF BALI

SPAZIERGANG AN DER STEILKÜSTE VON LEMBONGAN – DAS MINI-EILAND

CHARAKTERISTIK: Lembongan ist die am besten erschlossene Insel der Nusa-Gruppe. Die leichte Küstenwanderung führt entlang des Kliffs zu weißen Stränden und felsigen Buchten. **DAUER:** 2 Std., ein Tagesausflug ist sinnvoll **EINKEHR-TIPPS:** Coconut Beach Resort, Jungut Batu, Tel. 03 61/8 36 17 17, www.coconutsbeachresorts.com, tgl. 7–22 Uhr €€ | Rooftop Café Sunset Villas am Sunset Beach, tgl. 7–22 Uhr €€ **AUSKUNFT:** Überfahrt von Sanur. Einen guten Fahrplan bietet Lembongan Island Fast Boat, Sanur, Jalan Tunjung Sari L7B, Tel. 03 61/8 36 17 17,

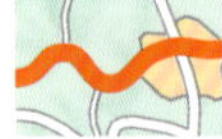

www.lembonganislandfastboat.com, 470 000 Rp. Billiger ist das Public Boat: Sanur, Jalan Hangtuah Pantai Sanur, Tel. 03 61/9 18 99 00

E 5

Während Penida, die größte der Nusa-Inseln, überwiegend von Tauchern angesteuert wird, die eher nicht an Land gehen, wuchs auf Nusa Lembongan in den vergangenen Jahren eine Infrastruktur, die immer mehr Freunde findet. Packen Sie Wanderschuhe und Badesachen ein, laden Sie eine Kompass-App auf Ihr Handy, und organisieren Sie von Sanur aus einen Bootstrip nach Nusa Lembongan. Die Boote legen nach der Überfahrt direkt am Strand von **Jungut Batu** an. Bekommen Sie keinen Schreck, weil so viele Boote in der Bucht ankern. Beginnen Sie Ihre Wanderung Richtung Südwesten und Coconut-Bay. Es geht am Kliff entlang, rechts bezaubert das azurblaue Meer, links säumen Villen und schöne Bungalows den Weg. Königsfischer kreisen über dem Wasser, denn das Meer bietet hier überreiche Nahrung.

Jungut Batu ▶ Sunset Beach

Sollten Sie schon jetzt Lust auf eine Erfrischung haben: In der **Ocean View Bar** des Coconut Beach Resort könnten Sie die bei herrlicher Aussicht genießen. Ansonsten folgen Sie dem Küstenpfad bis zur **Mushroom Bay**, einer der traumhaft schönen tropischen Buchten im Südwesten der Insel. Es gibt dort zwei kleine romantische Resorts: Lumbung Bali Huts und das Waka Nusa Resort, letzteres mit Pool. Wenn Sie eine Kleinigkeit bestellen, können Sie sich nach dem Schwimmen gleich von der Salzkruste befreien und die Wanderung fortsetzen. Die nächste Bucht trägt zu Recht den Namen **Sunset Beach**. Im Rooftop Café der Sunset Villas versammeln sich abends alle, die einen Logenplatz für den Sonnenuntergang suchen. Aber auch tagüber lockt die Terrasse mit einem wunderbaren Panoramablick! Bei Niedrigwasser finden Sie am östlichen Ende der Bucht den Eingang zu einer **Fledermaushöhle**. Wenn Sie die Höhle erkunden wollen, stellen Sie sicher, dass Sie nicht von der Flut überrascht und eingeschlossen werden.

Devil's Tear ▶ Dream Beach

Auf dem Weg zur nächsten Bucht geht es ein kleines Stück landeinwärts. Folgen Sie dann dem Schild zur **Devil's Tear** zurück an die Steilküste und an ihren spektakulärsten Abschnitt. Ein schwarzer Felsen ragt ins Meer, umtost von dramatischen Wellenformationen und Gischt. Machen Sie sich darauf gefasst, ein wenig nass zu werden. Östlich von Devil's Tear blicken Sie bereits auf den **Dream Beach**. Wundervoll anzusehen, aber die Brandung ist nicht ohne. Schwimmen erfordert auch wegen der starken Strömung äußerste Vorsicht. Am Dream Beach können Sie die Küstenwanderung beenden.

Dream Beach ▶ Lembongan

Circa 300 m weiter führt eine kleine Straße Richtung Norden nach **Lembongan**, dem Hauptort der Insel. Ein Dorf mit 5000 Einwohnern, in dem es noch sehr traditionell zugeht. Wenn Sie immer geradeaus gehen, treffen Sie automatisch auf einen Spazierweg, der bergab zurück zur Coconut Bay und nach Jungut Batu führt.

Sollten Sie noch Lust auf ein kleines Abenteuer haben, dann wäre ein Abstecher von Lembongan zur kleinsten Nusa-Insel **Ceningan** das Richtige. Wenn Sie von der Küste aus in den Ort kommen, gleich die erste Straße rechts, 200 m weiter wieder rechts. Die Straße macht nach 200 m eine Linkskurve, dann stehen Sie vor der **Hängebrücke**, die hinüberführt zur Insel Nusa Ceningan. Nur zugelassen für Fußgänger und Mopeds, kann sie ganz schön ins Schwanken geraten, so hoch über dem Meer. Auf Ceningan gibt es einige schöne Pfade, die zu sehr einsamen Buchten führen, aber das eigentliche Ereignis bleibt die Indiana-Jones-Erfahrung auf der Brücke.

Am Strand von Jungut Batu (▶ S. 128) ankern die Boote, die von Sanur aus die Insel Lembongan anlaufen. Mit dem Speedboot dauert die Überfahrt rund 30 Min.

MIT DEM AUTO VON CANDI DASA NACH TULAMBEN – EINE WASSERTOUR

CHARAKTERISTIK: Eine der landschaftlich schönsten Routen auf Bali, die über die Gebirgsstraße am Wasserschloss Tirta Gangga vorbei bis zum Strand von Tulamben führt **DAUER:** reine Fahrtzeit 4 Std.; planen Sie einen Tagesausflug, die Stopps beanspruchen Zeit! **LÄNGE:** 94 km Hin- und Rückfahrt **EINKEHRTIPPS:** Restaurant Tirta Ayu im Wasserpalast von Tirta Gangga, Tel. 03 63/22 50 31, www.hoteltirtagangga.com, tgl. 9–21 Uhr €€ | Warung Puri Madha in Tulamben, direkt am Meer unterhalb des Parkplatzes (Tempat Parkir), Tel. 03 63/74 71 21 61, tgl. 7–21 Uhr €

F 3/4

Packen Sie Handtücher, Schnorchel, Badesachen und Sonnenschutz ein und versuchen Sie, gegen 7 Uhr aufzubrechen. Gleich hinter Candi Dasa beginnen die Serpentinen, und es geht hinauf in die Berglandschaft. Nach 12 km kommen Sie durch das lebendige Städtchen **Amlapura**. Hier lohnt ein Zwischenstopp, denn um diese Uhrzeit ist der traditionelle Markt gerade erst so richtig in Schwung gekommen. Sie finden ihn hinter den Arkaden der **Jalan Gajah Mada**. Vielleicht kaufen Sie hier frisches Obst und ein paar Kuchen für die Weiterfahrt?

Amlapura ▸ Tulamben

Nachdem Sie Amlapura verlassen haben, geht es immer dem Gunung Agung entgegen, der jetzt in den Morgenstunden noch klar seine Konturen zeigt. Den nächsten Stopp könnten Sie bereits 7 km nach Amlapura einlegen. Der Eingang zum Areal des **Wasserpalastes Tirta Gangga** 9 liegt direkt an der Hauptstraße. Wenn das Eintrittsgeld von 20 000 Rp. bezahlt ist, treten Sie durch ein balitypisches Tor ein in eine andere Welt. Auf drei Ebenen sind Lotusteiche und große Bassins angelegt. Alles symetrisch angeordnet, alles sorgsam gestaltet als Teil einer Traumlandschaft mit Reisterrassen, die bis zum Meer reichen. Beim oberen Bassin und unter einem riesigen Banyanbaum entspringt die heilige Quelle der fürstlichen Wasserwelt, in der sogar die Fische heiligen Status genießen und ein langes Leben: Niemand darf sie angeln. Besucher können heutzutage unbesorgt ins Bassin steigen und die berühmte verjüngende Wirkung testen. Wenn Sie lange genug im Wasser waren, haben Sie möglicherweise schon Appetit auf ein Mittagessen. Das Restaurant Tirta Ayu direkt über dem Wasserschloss bietet erstklassige balinesische Küche.

Eine gute Alternative ist es, sich die Besichtigung des Wasserschlosses für den Rückweg aufzusparen und im Restaurant Tirta Ayu den Ausflug mit einem Abendessen zu krönen.

Falls Sie noch vormittags in Tulamben ankommen wollen, um im besten Licht rund um das vor der Küste liegende Schiffswrack zu schnorcheln, lassen Sie

Im Wasserpalast von Tirta Gangga (▶ MERIAN TopTen, S. 130) dreht sich alles um heiliges Wasser, das aus Springbrunnen und Fontänen strömt oder sich in Lotusteichen sammelt.

Tirta Gangga vorerst links liegen und setzen Sie die Fahrt fort. Hinter dem Ort **Abang**, dort, wo die Serpentinen wieder hinunterführen in die Ebene, sollten Sie dennoch kurz anhalten und die Aussicht genießen. Die **Reisfelder** in dieser Gegend sind den engen Tälern abgerungen und besonders kunstvoll angelegt. Danach gelangen Sie bald in die Tiefebene, Tulamben ist bereits ausgeschildert. Dort dann rechts abbiegen von der Hauptstraße zum **Tempat Parkir Tulamben** (Parkplatz). Es sind nur noch ein paar Meter bis zum Meer. Ein holpriger Weg, dann entlang am steinigen Ufer bis zum Warung **Puri Madha** auf der westlichen Seite der Bucht. Wenn Sie eine Kleinigkeit verzehren, passt man dort gern auf Ihre Sachen auf, während Sie ins Wasser springen, die Schnorchelbrille aufsetzen und nach etwa 20 m schon die Umrisse des Wracks entdecken, das Korallen und Meeresbewohner aller Art in Besitz genommen haben. Anschließend können Sie beim Puri Mahda die einfache Dusche benutzen, noch einen der leckeren Lassis trinken, den Rückweg antreten und gegebenenfalls den Besuch beim Wasserpalast nachholen.

MIT DEM FAHRRAD VON UBUD ZUM BALI BIRD PARK – DIE BAMBUS-ROUTE

CHARAKTERISTIK: Eine Bambus-Entdeckungstour führt auf versteckten Wegen durch die landschaftlich schönsten Gebiete nördlich von Ubud **DAUER:** reine Fahrtzeit 3 Std., mit Stopps und Besichtigungen 8 Std. **LÄNGE:** 45 km **SCHWIERIGKEITSGRAD:** mittel, E-Bike empfehlenswert **EINKEHRTIPPS:** Restaurant Five Elements (▶ S. 28), Ubud, Banjar Adat Baturning, Tel. 03 61/46 92 60, www.fivelements.org, tgl. 10–22 Uhr €€€€ | Café der Green School, Jalan Raya Sibang Kaya, Tel. 03 61/46 98 75, www.greenschool.org, tgl. 8–17 Uhr € **AUSKUNFT:** Die besten Touren organisiert Lady Bamboo. Verfügbar sind Mountainbikes und Riese & Müller E-Bikes. Kosten 25–50 $ (ohne Eintrittsgelder)

D 4

Für die Tour sollte man gegen 7.30 Uhr aufbrechen. Sonnencreme, ausreichend Trinkwasser und ein langärmeliges T-Shirt nicht vergessen! Falls Sie die Tour ohne Guide unternehmen, ist ein GPS-fähiges Endgerät mit OpenStreetMap unerlässlich.

Ubud ▶ Bali Bird Park

Von Ubud aus geht auf der Jalan Raya Richtung Penestanan. Die Hauptstraße verlassen Sie nach einem kurzen Stück und nutzen nur noch die kleinen Wege durch die »Kampungs« am Canyon des **River Ayung**. Hier ist nicht viel Verkehr. Es geht gemächlich zu, die Straße erscheint noch wie die Verlängerung eines balinesischen Wohnzimmers, und Sie spüren schnell den anderen Rhythmus. Vielleicht halten Sie an einem der Mini-Warungs und bestellen einen Tee, um das Dorfidyll nicht nur im Vorbeiradeln zu genießen. Die Neugier und Kontaktfreude der Bewohner sind Ihnen gewiss. Nach 1 Std. erreichen Sie **Mambal**. Zeit für ein zweites Frühstück im außergewöhnlichen Konzept-Hotel **Five Elements** mit seiner spektakulären Bambusarchitektur. Danach geht es mitten hinein in die Landschaft der **Reisfelder**: Die Sonne steht noch nicht hoch, auf den Feldern wird gearbeitet, man hört nur das sanfte Gluckern der Bewässerungskanäle, hier und da Entenschnattern. Schmale, meist gut ausgebaute Betonwege führen über rund 20 km durch die Postkartenlandschaft, dann ist der **Bali Bird Park** erreicht. Am Eingang sollten Sie nach dem Zeitplan für Fütterungen und Vorführungen fragen. Das Restaurant serviert während der Wartezeit leckeres Essen; wenn Sie Glück haben, kommen die Vögel sogar bis an den Tisch. Der Rundgang durch den 1995 eröffneten Vogelpark mit seinen Papageien, Kakadus, Hornvögeln und dem vom Aussterben bedrohten Bali Star, aber auch mit seinen exotischen Pflanzen, Teichen und Wasserfällen, ist ein besonderes Erlebnis, sollte jedoch gegen 13 Uhr beendet sein. Nun radeln Sie den gleichen Weg zurück, allerdings mit den Vulkanen im Blickfeld und stetig bergan. Wer ein E-Bike gewählt hat, schätzt sich spätestens jetzt glücklich. Sonst ist notfalls Schieben angesagt.

Bali Bird Park ▶ Sibeng Gede

Aber es ist nur noch ein kleines Stück bis **Sibeng Gede** und zum nächsten Stopp. An der Strecke liegt noch die **Schokoladenfabrik Big Tree**. Täglich um 14.15 Uhr werden hier Führungen angeboten. Freunde von Bitterstoffen dürfen auch probieren, was die organische Kakaoproduktion hergibt. Ein paar hundert Meter weiter geht es im Café der **Green School** erheblich süßer zu. Gleich hinter dem Eingang zum ungewöhnlichen **Campus** der Schule warten leckerer Eiskaffee und Kuchen. Man sitzt an Bambustischen, trinkt mit Bambusstrohhalmen und schaut fassungslos auf die »Schulgebäude«: surrealistische Konstruktionen aus Bambus, Türme mit mehreren Etagen, verbunden durch Brücken und Stege. Nichts als das rasch nachwachsende Süßgras wurde hier verbaut. Um diese Zeit ist gerade Unterrichtsschluss, und viele der 435 Schüler sind auf dem Gelände unterwegs. Sie alle lernen ganzheitlich für einen nachhaltigen und kreativen Umgang mit der Umwelt, entwerfen eigene Projekte und sind weltweit begehrte Bewerber für Universitäten. 10 % der Schüler kommen übrigens aus balinesischen Familien und werden mit Stipendien gefördert. Wer will, kann während einer Tour detaillierte Informationen zum Schulprogramm erhalten, das auch 6- bis 12-monatige Aufenthalte für Gastschüler vorsieht.

Nach dem Besuch der Schule geht es nonstop nach Hause.

Prächtig anzusehen sind die gefiederten Bewohner des Bali Bird Park (▶ S. 132), darunter Papageien, Kakadus, Eulen, Purpurhühner und der vom Aussterben bedrohte Bali Star.

Körbchen mit Blüten und dem Grün der Betelpflanze sind typische Opfergaben.

BALI ERFASSEN

AUF EINEN BLICK

Hier erfahren Sie alles, was Sie über Bali wissen müssen – kompakte Informationen über Land und Leute, von Bevölkerung und Sprache über Geografie und Politik bis Religion und Wirtschaft.

BEVÖLKERUNG

Bali hat derzeit ca. 4,2 Millionen Einwohner. Die Bevölkerungsexplosion konnte durch gezielte Regierungsprogramme in ganz Indonesien unter Kontrolle gebracht werden, das Wachstum liegt auf Bali aber immer noch bei 1,9 % und damit ein Drittel höher als in den anderen Landesteilen. Einer der Gründe dürfte sein, dass nur ein männlicher Nachfolger die religiöse Tradition an die nächste Generation weitergeben kann. Bali steht auf der anderen Seite aber auch unter starkem Migrationsdruck von den Nachbarinseln Java und Lombok, was nicht selten zu Konflikten führt.

LAGE UND GEOGRAFIE

Indonesien ist ein Land mit 17 500 Inseln, ca. 400 unterschiedlichen Kulturen und Sprachen. Bali ist die westlichste der Kleinen Sundainseln und von der größeren Nachbarinsel Java nur durch die 2,5 km breite Bali-Strait getrennt. Im Osten Balis schließt die Insel Lombok an mit den ihr vorgelagerten Gili-Islands. Die Nord-Süd-

◀ Die Affen im Monkey Forest (▶ S. 88), echte und steinerne, ziehen viele Besucher an.

Ausdehnung Balis beträgt 95 km, von seiner Westspitze bis zur Ostspitze sind es 145 km. Über die gesamte Strecke zieht sich der nur an wenigen Stellen passierbare Bergrücken der Vulkankette, Teil des berühmten »Ring of Fire«.

POLITIK UND VERWALTUNG

Indonesien ist heute international anerkannt als demokratisches Land mit einer stabilen Regierung. Die Menschen selbst durchleben eher einen Prozess – erst seit 2004 gibt es demokratische Wahlen –, und vor allem die wirtschaftlich erfolgreichen der 27 Provinzen führen häufig Klage, dass sie von der Zentralregierung in Jakarta benachteiligt würden. Wie alle Provinzen Indonesiens wird auch Bali von einem Gouverneur verwaltet, der dem Staatspräsidenten direkt unterstellt ist. Die Provinz Bali ist in acht Regierungsbezirke und den Stadtkreis von Denpasar unterteilt. Deren politische Vertretung untersteht dem Gouverneur.

RELIGION

Mit einem Anteil von 87 % Muslimen an der Gesamtbevölkerung ist der Islam die vorherrschende Religion in Indonesien. Bali ist mit 93 % Hindus die einzige hinduistische Enklave auf dem Archipel. Es bestehen dennoch enge Verbindungen vor allem zur Nachbarinsel Java, denn der Hinduismus gelangte seit dem 8. Jh. von Indien aus zunächst über Java nach Bali. Wie in ganz Indonesien ist auch auf Bali die Religion das Ergebnis einer Kultur der Mischungen und der Fähigkeit, fremde Einflüsse aufzunehmen. Über Jahrtausende erlebte die Insel verschiedene Wellen der Einwanderung und integrierte vor allem animistische und buddhistische Elemente in die Religion. Die balinesische Ausprägung des Hinduismus – Agama Hindu Dharma – wirkt vergleichsweise aufgeschlossen, das Kastensystem spielt eine wesentlich geringere Rolle. Der Alltag ist dennoch vorwiegend von der Religion geprägt. Sie greift stark ins Familienleben ein und macht z. B. interreligiöse Eheschließungen schwierig.

SPRACHE

Die Muttersprache der Balinesen ist Balinesisch. Die zweite Sprache und zugleich Verkehrssprache Indonesisch. Wenn Balinesen unter sich sind, sprechen sie vorzugsweise Balinesisch.

WIRTSCHAFT

Der Tourismus ist die wichtigste Einnahmequelle, mit dem Bali wesentliche Teile des Staatshaushalts deckt. Die landwirtschaftliche Produktion wird fast ausschließlich für den Eigenbedarf verwendet. Eine nennenswerte Industrieproduktion gibt es nicht.

AMTSSPRACHE: Indonesisch
EINWOHNER: 4,2 Millionen
FLÄCHE: 5640 km^2
GRÖSSTE STADT: Denpasar, 700 000 Einwohner
RELIGION: 93 % Hindus, 6,5 % Muslime, 0,5 % Buddhisten
HÖCHSTER BERG: Gunung Agung, 3142 m
WÄHRUNG: Indonesische Rupiah (Rp./IDR)

GESCHICHTE

Bali ist in Indonesien die letzte hinduistische Enklave. Auf der Insel der Götter kämpften die Menschen über Jahrhunderte und mit wechselndem Geschick um Eigenständigkeit und Freiheit.

1500 v. Chr.–500 n. Chr.

Erste Besiedlung

Erste Einwanderer besiedeln Bali vermutlich vom südasiatischen Festland aus. Historiker gehen davon aus, dass die Neuankömmlinge auf **alte Kulturen** trafen, die bereits seit mehr als 10 000 Jahren auf Bali ansässig waren. Älteste Funde gehen auf das letzte vorchristliche Millenium zurück und belegen Ansätze der **Reiskultur** sowie die Existenz von dörflichen Gemeinschaften. Die Glaubensvorstellungen basieren auf dem **Animismus**. Um die Zeitenwende erreichen zunehmend Händler aus Südindien die Küsten des Archipels. Sie dringen bis nach Bali vor – **hinduistische und buddhistische Vorstellungen** fassen Fuß. Zu Beginn unserer Zeitrechnung entstehen auf Sumatra und Java die großen hinduistischen und buddhistischen Reiche Sri Vijaya, Sailendra und Mataram – Zentren der Macht, die ihren Einfluss bis nach Bali ausdehnen.

6.–11. Jh. Der Hinduismus etabliert sich

Das buddhistische **Sri Vijaya-Reich** erlebt seine Blüte, erreicht wachsenden Einfluss auf dem indonesischen Archipel; der Hinduismus gewinnt an Bedeutung auf Bali. In dieser Zeit entsteht hier das erste hinduistische Königreich. Älteste Zeugnisse aus dem Jahr 917 nennen König Warmadewa und die

1500 v. Chr. Zuwanderer aus Südasien erreichen den Archipel.

1. Jh. n. Chr. Auf Java und Sumatra entstehen hinduistische und buddhistische Königreiche.

917 Warmadewa errichtet das erste hinduistische Königreich auf Bali.

Ca. 1000 Warmadewas Sohn Airlangga heiratet eine ostjavanische Prinzessin und verbindet Bali mit Java.

Hauptstadt Pejeng in Zentralbali. Udayana, ein Spross dieser Dynastie, heiratet Ende des 10. Jh. eine ostjavanische Prinzessin. Das bislang unabhängige Bali und Java rücken näher zusammen. Das Ziel, die Machtsphären auszubalancieren, gerät nach Udayanas Tod aus dem Blick. Sein Sohn Airlangga, der balinesische Interessen in den Vordergrund stellt, herrscht über **Ostjava**, dessen Bruder über Bali. Der Tod Airlanggas hinterlässt ein Machtvakuum und löst Kämpfe aus. Bali geht für die nächsten Jahrhunderte seinen eigenen Weg. Die Kultur blüht, das komplizierte **Bewässerungssystem** für den Reisanbau entsteht und stärkt den Zusammenhalt der balinesischen Gemeinschaft.

12.–16. Jh. Zerfall der Königreiche

Ende des 13. Jh. versucht Kertanagara, Vertreter der Singhasari-Dynastie, Bali wieder unter ostjavanische Kontrolle zu bringen. Das Unternehmen misslingt nach einem kurzen Intermezzo. Zeitgleich erreicht das javanische **Majapahit-Reich** unter seinem Herrscher Gajah Mada ungeahnten Einfluss und verfolgt die Idee eines Großreichs, das den gesamten Archipel einbezieht. Das »goldene Zeitalter« der Majapahit endet mit dem Vordringen des Islam, der – wie zuvor der Hinduismus – über die Handelswege und Küstenregionen an Einfluss gewinnt. 1520 flieht der letzte Vertreter der Majapahit-Dynastie nach Bali. Ihm folgen Priester, Gelehrte und Künstler. Die **Gelgel-Dynastie** entsteht. Sie regiert ganz Bali, zunächst von Gelgel, dann von Klungkung aus. Auf Java entstehen zu der Zeit die ersten islamisch geprägten Sultanate.

17.–19. Jh. Die Kolonialherren

Die Gelgel-Dynastie endet 1651. Bali wird nicht mehr zentral regiert und zerfällt in mehrere miteinander konkurrierende **Fürstentümer**. Inzwischen sind die europäischen Seemächte auf dem Vormarsch. Portugiesen und Holländer besegeln die Inselwelt und wetteifern um die Vormachtstellung auf den Handelsrouten. Die **Kolonisierung** des gesamten Archipels beginnt 1602

1049 Der Tod Airlanggas löst Kämpfe aus, Bali geht seinen eigenen Weg.

12.–16. Jh. Das javanische Majapahit-Reich weitet seinen Einfluss aus und verfolgt die Idee eines Großreichs. Über die Handelsrouten gelangt der Islam nach Indonesien.

1520 Das »Goldene Zeitalter« der Hindu-Dynastien endet. Der letzte Vertreter der Majapahit-Dynastie flieht nach Bali und gründet die Gelgel-Dynastie.

zunächst mit der Gründung eines Handelsunternehmens durch die **Holländer**: Die VOC, die Vereinigte Ostindische Compagnie, wählt 1619 Batavia als Hauptstützpunkt und gewinnt von dort aus Kontrolle über weite Teile des heutigen Indonesien. Man macht sich die Konkurrenz zwischen den eingesessenen Machtzentren zunutze, spielt sie gegeneinander aus, etabliert ein System von Misstrauen und Korruption. Die napoleonischen Kriege in Europa beenden kurzfristig die Vorherrschaft der Holländer. Niederländisch-Ostindien fällt 1811 an **Großbritannien**. Bis 1816 hat Thomas Stamford Raffles die Kontrolle – in dieser Zeit führt er u. a. den Linksverkehr ein – dann erhalten die Niederlande durch die auf dem Wiener Kongress (1814/15) ausgehandelten Verträge wieder die Oberhoheit. Auf Java beginnen **Aufstände**. 1825 erreichen sie unter Prinz Diponegoro einen ersten Höhepunkt. 200 000 Javaner und 8000 Holländer kommen ums Leben. Bali bleibt vorerst von der kolonialen Expansion verschont und wird erst 1839 der Oberheit der holländischen Regierung unterstellt, die in der Nachfolge der VOC die gesamte Verwaltung im Inselreich übernimmt. Zunächst etablieren die Holländer die **Plantagenwirtschaft**. Kaffee, Tee und Kautschuk sollen nun auch auf Bali im großen Stil angebaut werden, die Zwangsabgaben sind hoch. Der Reisanbau tritt in den Hintergrund, **Hungersnöte** sind die Folge. Um Proteste zu ersticken und die niederländische Verwaltung durchzusetzen, entsenden die Holländer 1846 ein Expeditionskorps nach Bali. Wieder nutzen sie interne Machtkonflikte für ihre Interessen und spielen die Fürsten gegeneinander aus. 1882 wird **Singaraja** im Norden der Insel das holländische Regierungszentrum. Ende des Jahrhunderts beherrschen die Holländer den gesamten Archipel.

1906 Puputan – Sterben für die Freiheit

Die Holländer wollen auch Südbali unter Kontrolle bringen, wo sich die Fürsten der Fremdherrschaft verweigern. Anlass für ein militärisches Eingreifen

1619 Die Holländer gründen Batavia und beginnen mit der gezielten Kolonisierung des gesamten Landes.

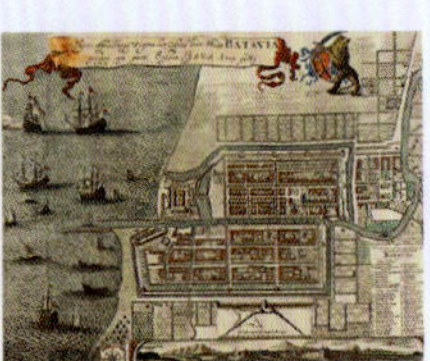

1651 Mit dem Ende der Gelgel-Dynastie zerfällt Bali in mehrere konkurrierende Fürstentümer.

1839 Bali wird offiziell der holländischen Oberhoheit unterstellt.

1882 Singaraja wird das holländische Regierungszentrum.

wird die Plünderung eines vor der Küste Sanurs gestrandeten Handelsschiffes. Der chinesische Eigner verlangt Schadensersatz. Fürst Agung Made von Badung (heute Denpasar) soll zahlen, verweigert das aber und liefert den Holländern den Vorwand für eine **Strafexpedition**. 1906 landen die Holländer mit Kanonenbooten und Marineinfanterie an der Südküste Balis. Rund 2000 Menschen, das gesamte Gefolge und die Familie des Fürsten von Badung stellen sich den Gewehrsalven entgegen. Wer nicht im Kugelhagel stirbt, bohrt sich den eigenen Dolch in die Brust. Der **Puputan** wird Mythos und Legende, andere Fürstenhäuser Balis folgen dem Beispiel. Nur Gianyar und Karangasem kooperieren mit der Kolonialmacht, die moralisch für alle Zeiten diskreditiert ist.

1927 Nationalistische Bewegung

Sukarno gründet auf dem vom Islam geprägten Java die **Partai Nasional Indonesia** (PNI), die ganz Indonesien in die Unabhängigkeit führen soll. Aus der Studentenbewegung entwickelt sich die Idee für eine gemeinsame Nationalsprache. Die Kolonialmacht setzt zunehmend auf die chinesische Minderheit, gibt ihr Schlüsselpositionen in Wirtschaft und Verwaltung, um die Interessen gegen den Rest der Bevölkerung durchzusetzen.

1942–1945 Japanische Herrschaft und Unabhängigkeit

Im Verlauf des Zweiten Weltkriegs erobert **Japan** Niederländisch-Ostindien. Eine dreijährige Schreckensherrschaft folgt, die im August 1945 mit der **Kapitulation** Japans zu Ende geht. Am 17. August erklären Präsident Sukarno und Vizepräsident Mohammad Hatta die **Unabhängigkeit** Indonesiens. In den Folgejahren kommt es überall zu erbitterten Kämpfen zwischen Kolonialmacht und Unabhängigkeitsbewegung. Auf Bali führt I Gusti Ngurah Rai 1946 Tausende in die **Schlacht von Marga**. Die Vereinten Nationen berufen 1949 eine internationale Konferenz in Den Haag ein. Am Ende der Verhandlungen verzichtet Holland auf sämtliche Ansprüche in Indonesien.

1906

Im Puputan, einem rituellen Selbstmord, stellt sich der Fürst von Badung mit seinem gesamten Gefolge dem holländischen Kanonenfeuer entgegen. 2000 Menschen sterben.

1927

Sukarno gründet die »Partai Nasional Indonesia«.

17.8.1945

Sukarno erklärt die Unabhängigkeit Indonesiens. Es kommt zu schweren Kämpfen mit der Kolonialmacht.

27. September 1949

Indonesien wird ein souveräner Staat

Die **Republik Indonesia** wird offiziell konstituiert. Sukarno wird der erste Präsident. Geleitet von der Grundidee einer »Einheit in der Vielfalt« sollen alle Landesteile zusammenwachsen. Es gilt, die Interessen religiöser Gruppen, der verschiedenen Ethnien, Parteien und des Militärs auszubalancieren. Autonomiebestrebungen einzelner Landesteile werden im Keim erstickt. Sukarno setzt Ende der 1950er-Jahre das Konzept einer »gelenkten Demokratie« durch. Er stützt sich auf nationalistische und islamische Kräfte. Die Positionen sind **antiwestlich** und setzen auf einen eigenen, aber eher an China orientierten Weg.

1965 Staatsstreich und Massaker

Das Militär ist gespalten. Unter noch nicht vollständig geklärten Umständen kommt es zu einem **Staatsstreich**. General Suharto schlägt einen angeblich von den Kommunisten initiierten Aufstand nieder. In den folgenden Monaten wird ein verheerendes **Blutbad** angerichtet, dem bis zu eine Million Menschen zum Opfer fallen, hauptsächlich Kommunisten und Chinesen.

1966–1968 Die Entmachtung

Im März 1966 wird Sukarno entmachtet. Haji Mohamed Suharto übernimmt die **Militärregierung**. Er sucht Anschluss an westliche Verbündete, verstaatlichte Wirtschaftsbetriebe werden reprivatisiert, die Verbindungen zur VR China eingefroren und erst 25 Jahre später wieder aufgenommen. 1968 wählt der Volkskongress **Suharto** zum Staatspräsidenten. Er wird 30 Jahre im Amt bleiben.

1998 Wirtschaftskrise und Rücktritt

Die Wirtschaftskrise im südostasiatischen Raum erfasst auch Indonesien. Die sozialpolitische Schieflage und eine dramatische Verschlechterung der Lebensbedingungen lösen **Unruhen** aus. Sie konzentrieren sich hauptsächlich auf die javanischen Großstädte, erfassen aber nach und nach das gesamte Land. Nach blutigen Kämpfen

17.8.1950 Die Republik Indonesia wird proklamiert. Sukarno ist ihr erster Präsident.

1965 Im Umfeld eines Staatsstreichs und der Ablösung Sukarnos werden an die 1 Mio. Menschen in Indonesien umgebracht.

1968 Suharto wird Staatspräsident und etabliert eine »gelenkte Demokratie«.

1998 Nach schweren Unruhen tritt Suharto zurück. Jusuf Habinie wird sein Nachfolger.

zwischen der Militärregierung und Studenten muss Suharto am 21. Mai 1998 zurücktreten. Sein Nachfolger wird **Jusuf Habibie**, aber das Land kommt nicht zur Ruhe. In rascher Folge gelangen nach Habibie der islamische Gelehrte **Abdurahman Wahid** und **Megawati Sukarnoputri** – eine Tochter Sukarnos – in das höchste Staatsamt, die beiden Letztgenannten erstmals durch freie Wahlen. Die seit Beginn der Wirtschaftskrise günstigen Wechselkurse führen zu einem **Aufschwung** in der Tourismusindustrie.

2002 Terror im Paradies

Am 12. Oktober wird Bali Ziel eines **Terroranschlags**. In Kutas Amüsiermeile explodieren mehrere Bomben. 202 Menschen kommen ums Leben, Hunderte werden verletzt. 2003 nimmt die Regierung drei Mitglieder der islamischen Terrororganisation Jemaah Islamiyah fest. Sie werden schuldig gesprochen und hingerichtet. 2005 kommt es in Jimbaran und Kuta zu weiteren Anschlägen mit insgesamt 22 Toten. Der Tourismus auf Bali bricht ein. Abertausende Javaner bekunden **Solidarität** mit Bali und schließen die durch den Wegfall der ausländischen Touristen entstandenen Lücken.

2004 Tsunami

Weihnachten ereignet sich ein schweres **Erdbeben** vor der Küste Sumatras. Hunderttausende sterben im durch das Beben ausgelösten Tsunami. Mit Unterstützung deutscher Wissenschaft und Politik wird seitdem an einem **Frühwarn- und Sicherheitssystem** gearbeitet, das auch auf Bali in Betrieb genommen wird.

Bei den ersten **direkten Präsidentschaftswahlen** erreicht keiner der Kandidaten eine Mehrheit. Nach Stichwahl siegt der Ex-General Susilo Bambang Yudhoyono.

2014 Neuer Staatspräsident

Im Oktober wird **Joko Widodo** zum Staatspräsidenten gewählt. Als Gouverneur in Jakarta hatte er zuvor durch sein volksnahes Auftreten und den Kampf gegen Korruption enorme Popularitätswerte erreicht.

2002 Bei Terroranschlägen auf Bali kommen 202 Menschen ums Leben. Drei Islamisten werden verhaftet und hingerichtet.

2004 Susilo Bambang Yudoyono wird der erste direkt gewählte Präsident Indonesiens.

2014 Joko Widodo, der ehemalige Gouverneur von Jakarta, wird Staatspräsident.

2004 Fast 170 000 Menschen fallen allein in Indonesien einem Tsunami zum Opfer.

KULINARISCHES LEXIKON

A

acar – Salat
air jeruk – Orangensaft
air jeruk lenggis – Zitronensaft
air kelapa – Kokosnussmilch
air putih – Trinkwasser
arak – Reisschnaps
are jaja – Reiskuchen
ayam – Huhn
– ayam opor – Huhn in Kokosmilchsauce
– ayam kari – Curryhuhn

B

babi – Schwein
babi guling – gegrilltes Spanferkel
bakmie – Nudeln
bebek – Ente
bebek betutu – gebratene und speziell gewürzte Ente
bir – Bier
blimbing – Sternfrucht
botol – Flasche
brem – Reiswein
buah buahan – Fruchtsalat oder Obst
bubur – Reis
bubur ketan hitam – schwarzer Reispudding mit Kokosnussmilch
bubur nasi – Reisbrei

C

cabe – Peperoni, scharf
cap cai – gebratenes Gemüse
coklat – Schokolade oder Kakao

D

cumi cumi – Tintenfisch
daging – Fleisch
daging sapi – Rindfleisch

E

es – Eis
es kelapa muda – Saft von jungen Kokosnüssen

G

gado gado – kalte Gemüseplatte mit Erdnusssauce
garam – Salz
guiai kambing – Lammcurry

I

ikan – Fisch
ikan danan – Süßwasserfische, aus Reisfeldern
ikan bakar – gegrillter Fisch
ikan laut – Seefisch

J

jahe – Ingwer
jambu – Guave (Frucht)

K

kacang – Erdnüsse
kambing – Ziegenfleisch
kecap – Sojasauce
keju – Käse
kelapa – Kokosnuss
kepiting rebus – gekochter Krebs
kerang rebus – gekochte Muscheln
kopi manis – süßer, schwarzer Kaffee
– kopi pahit; kopi tanpa gula – schwarzer Kaffee
– kopi susu manis – süßer Kaffee mit Milch
krupuk – große Cracker, in Öl aus Garnelenpaste oder Krabbenteig gebraten
kue – Kuchen, Kekse

L

lassie – Joghurtgetränk, mit Früchten gemischt
lombok – Chili
lontong – Klebereiskuchen, die in Bananenblätter gewickelt sind
lumpia goreng – Frühlingsrolle

M

madu – Honig
mangga – Mango
manggis – Mangosteen (Frucht)
marta bak – arabischer Pfannkuchen, salzig oder süß
merica – Pfeffer
mie bakso – Nudelsuppe mit Fleischklößen
mie goreng – gebratene Nudeln, wie Reis zubereitet, oft auch mit Krabben

N

nanas – Ananas
nasi campur – Reis mit verschiedenen Zutaten
– nasi goreng – gebratener Reis mit Gemüse, Fisch oder Fleisch
– nasi liwet – weißer Reis mit Huhn in Kokoscreme

O

opor ayam – Huhn in Kokosnusssauce

P/

papaya – Papaya
pisang – Banane
– pisang goreng – gebackene Banane

R

rambutan – rote, süße, saftige Frucht
rendang padang – Rindfleisch, besonders scharf gewürzt
roti – Brot

S

salak – Schlangenfrucht
sambal – scharfe Chilisauce
sapi – Rindfleisch
sate – auf Holzkohle gegrillte Spieße
sate ayam – Hühnerspieße
sate babi – Schweinefleischspieße
sate campur – gemischte Spieße
sate ikan – Fischspieße
sate kambing – Ziegenfleischspieße
sate sapi – Rindfleischspieße
saus – Sauce
sayur – Gemüse
– sayur goreng campur – gemischtes, gebratenes Gemüse
semangka – Wassermelonen
sop – Suppe auf Wasserbasis
soto – Suppe, die mit Kokosnussfleisch angedickt ist
sotoayam – Hühnersuppe
susu – Milch

T

tahu – Tofu
tauge – Sojabohnensprossen
teh – Tee
– tehbotol – kalter Tee mit Zucker (wird in Flaschen verkauft)
– teh hitam – schwarzer Tee
– teh jahe – Ingwertee
telor – Ei
– telor kopyok – Rührei
– telor mata sapi – Spiegelei
– telor rebus – gekochtes Ei
tempe – fermentierter Sojakäse
timun – Gurke
tomat – Tomate
tuak – Palmwein
tumis kangkung – gebratener Spinat

U

udang – Krabben
ular – Schlange

SERVICE

Anreise

MIT DEM FLUGZEUG

Die meisten Reisenden kommen auf dem Flughafen Ngurah Rai in Denpasar an. Balis Flughafen liegt in unmittelbarer Nähe zu den großen Touristenzentren: 5 km von Kuta entfernt, 10 km von Sanur und 15 km von Nusa Dua. 35 km sind es nach Ubud, die Fahrt dorthin dauert 1–2 Std.

Auf www.atmosfair.de und www.myclimate.org kann jeder Reisende durch eine Spende für Klimaschutzprojekte für die CO_2-Emission seines Fluges aufkommen.

MIT DEM BUS

Von allen größeren Städten auf Java verkehren Fernbusse nach Bali. Die Busse setzen ab Banyuwangi per Fähre nach Gilimanuk auf Bali über und steuern in der Regel Denpasar an.

VOM FLUGHAFEN ZUM URLAUBSORT

Die Ziele im Süden sind schnell erreicht. Größere Hotels bieten einen Abholservice. Mit den Hotels und Resorts in anderen Regionen kann ein kostenpflichtiger Transfer vereinbart werden. Der Taxiverkehr von Ngurah Rai in die umliegenden Feriengebiete ist zu Festpreisen geregelt.

Auskunft

IM URLAUBSLAND

Bali Government Tourism Office

Bietet Informationen, Karten, einen Kalender mit Feiertagen sowie Veranstaltungen, Tempelfesten etc.

Denpasar | Jalan Letjen S. Parman, Niti Mandala | Tel. 03 61/22 23 87 | www.disparda.baliprov.go.id | Mo–Do 7–14, Fr 7–13 Uhr

Bali Tourism Board

Die Website der offiziell anerkannten Vertretung der Tourismus-Industrie informiert über Neuigkeiten, den Bali-Kalender etc.

Denpasar | Jalan Raya Puputan 41 | Tel. 03 61/23 56 00 | www.bali-tourism-board.org | Mo–Sa 9–17 Uhr

IN DEUTSCHLAND

Botschaft der Republik Indonesien

Lehrter Str. 16–17 | 10557 Berlin | Tel. 0 30/47 80 70 | www.botschaft-indonesien.de

Buchtipps

Bali Street Atlas (Periplus, 2013) Das Kartenbuch verzeichnet alle bislang bekannten Straßen auf Bali, dazu Stadtpläne und Ausschnittskarten von den beliebtesten Touristengebieten, in denen Hotels und Restaurants markiert sind. Ein gutes Recherche-Instrument.

Vicki Baum: Liebe und Tod auf Bali (KiWi Taschenbuch, 2002) Der Klassiker der Bali-Literatur. Eine Liebesbeziehung vor dem Hintergrund der Kolonialgeschichte.

Andrea Hirata: Die Regenbogentruppe (Hanser, 2013) Eine Dorfschullehrerin und ihre Schüler set-

zen das Bildungsideal gegen alle Widerstände durch. Der Roman spielt zwar auf Sumatra, der Plot ist aber durchaus übertragbar.
Lucien Leitess: Reise nach Bali – Kulturkompass fürs Reisegepäck (Unionsverlag, 2007) Multiperspektivisch. Texte von Reisenden wie Autoren, von Einheimischen wie Wissenschaftlern.
Oka Rusmini: Erdentanz (Horlemann, 2007) Der Roman erzählt die Geschichte balinesischer Frauen über vier Generationen und ist zugleich ein Porträt gesellschaftlicher Verhältnisse, die Männer wie Frauen strengen hierarchischen Strukturen unterwerfen.

Diplomatische Vertretungen

Deutsches Konsulat Bali

Jalan Pantai Karang 17, Sanur | Tel. 03 61/ 28 85 35 | E-Mail: sanur@hk-diplo.de

Schweizerisches Konsulat

Auch zuständig für Österreich.
Kuta, Kuta Central Park, Blok Valet 2 No 12 | Jalan Patih Jelantik | Tel. 03 61/ 75 17 35 | E-Mail: bali@honrep.ch

IN DEUTSCHLAND, ÖSTERREICH UND DER SCHWEIZ:

Botschaft der Republik Indonesia

– Lehrter Str. 16–17, 10557 Berlin | Tel. 0 30/47 80 70 | www.botschaft-indonesien.de
– Gustav-Tschermak-Gasse 5–7, 1180 Wien | Tel. 04 31/4 76 23 16 | www.kbriwina.at
– Elfenauweg 51, 3006 Bern | Tel. 0 31/ 3 52 09 83 | www.indonesia-bern.org |

Einreise

Deutsche, Österreicher und Schweizer können mit einem mindestens sechs Monate gültigen Reisepass einreisen. Kinder unter 16 Jahren benötigen einen Kinderreisepass mit Lichtbild. Seit 2015 ist die Visumpflicht aufgehoben. Ein Touristenvisum gilt 30 Tage und kann vor Ort, am Flughafen Ngurah Rai International oder an den Häfen Benoa und Padang Bai verlängert werden.

Feiertage

Auf Bali gelten die Feiertage der großen Weltreligionen, darüber hinaus die balinesischen Feiertage, die einem eigenen – 210 Tage umfassenden – Kalendersystem unterliegen. Informationen unter www.balitrips.net.

STAATLICHE FEIERTAGE

1. Januar Neujahr
März/April Ostern
21. April Kartini-Tag – Der indonesische Frauentag
17. August Unabhängigkeitstag
1. Oktober Pancasila-Tag – Tag der Staatsphilosophie
5. Oktober ABRI – Tag der Streitkräfte
25. Dezember Weihnachten

Geld

1000 Rp. .... 0,070 €/0,073 SFr
1 € .... 14 200 Rp.
1 SFr .... 13 550 Rp.

Währungseinheit ist die indonesische Rupiah (Rp./IDR). Gängige Banknoten: 1000 bis 100 000, Münzen sind nur noch wenig im Umlauf. Unterwegs, besonders in entlegenen Gebieten, sollten Sie immer ausreichend **Bargeld** dabei haben, vor allem Scheine bis 20 000 Rp. In den Touristenzentren akzeptieren Shops, Kaufhäuser, Restaurants und Hotels Kreditkarten, bevorzugt Master und Visa. **Bankautomaten** (ATM) gibt es fast überall. In entfernten Orten wie Amed kann man manchmal nur 500 000 Rp. pro Vorgang abheben. Banken geben auf Kreditkarte (mit Pass!) größere Summen aus. Öffnungszeiten Mo–Fr 8–15 Uhr. **Geldwechsler** bieten oft die besten Kurse an.

Kleidung

Lockere Kleidungsstücke aus Naturfasern sind am besten. Neben Sandalen gehört auch festes Schuhwerk ins Gepäck. Bei offiziellen Anlässen sollten Sie etwas feiner gekleidet sein. In ganz Indonesien gilt gepflegtes Auftreten als Respektsbekundung. In den Bergen kann es kühl werden. Strickjacke, Pullover und lange Hosen mitnehmen!

Links und Apps

LINKS

www.bali-tourism-board.com
Die offizielle Informationsseite für den Fremdenverkehr. Nachzulesen sind wichtige Daten und Informationen.

www.tourismus-indonesien.de
Die Website des indonesischen Tourismusbüros in München bietet gute Informationen auf Deutsch und den Einstieg in weitere Recherchen.

www.bali-paradise.com
Ein großes Forum für Reisende aus aller Welt, die über ihre Bali-Erfahrungen berichten.

www.warungnet.de
Viele Informationen rund um Planung einer Reise und den Aufenthalt auf Bali. Zahlreiche weiter führende Links.

APPS

Sehr sinnvoll sind eine Kompass-App und eine Kartenappliktion, am besten mit **OpenStreetMap** als Grundlage. Ein deutscher Mountainbiker trägt hier alle Wege ein, die er neu entdeckt. Vor allem die Gegend rund um Ubud ist schon sehr gut erkundet.

Tripadvisor
Schnelle Hotelsuche vor Ort und Zugang zu den großen Buchungsportalen, über die ist die Reservierung fast immer günstiger als an der Rezeption.
Download über Google Play | für Android | kostenfrei

Skobbler
Download über Google | einmalig 1,79 € – weltweit Kartenmaterial für 9,99 € | basiert auf OpenStreetMap | für iPhone

Medizinische Versorgung

Beim Essen und Trinken ist Vorsicht geboten, wenn man sich keine Infektion zuziehen will. Das fängt beim Wasser an: nur abgekochtes Wasser trinken, möglichst auch zum Zähneputzen nur steriles Wasser benutzen. Außer in guten Hotels und Restaurants: bei Getränken auf Eiswürfel verzichten. Es empfiehlt sich, kein rohes Gemüse zu essen und Obst zu schälen. Im Krankheitsfall übernehmen einheimische Kliniken und Ärzte die medizinische Versorgung. In den meisten Hotels werden Sie zuverlässig Rat über die bestmögliche Betreuung erhalten.

KRANKENVERSICHERUNG

Die gesetzlichen Krankenkassen übernehmen keine **Behandlungskosten**. Sinnvoll ist daher vor Antritt der Reise der Abschluss einer privaten Zusatzversicherung. Bei einer ernsthaften

Krankheit oder Verletzung (speziell bei Kindern) ist es sicherer, sich sofort nach Australien oder Singapur in ärztliche Behandlung zu begeben. Kleine Kratzer oder Schrammen sollte man sofort desinfizieren, da sie in den Tropen schwerer heilen. **Impfungen** sind für die Einreise nicht vorgeschrieben, außer für Reisende, die sechs Tage zuvor ein mit Gelbfieber infiziertes Gebiet besucht haben. Empfohlen werden Impfungen gegen Hepatitis, Polio, Tetanus und Typhus. Bali ist weitgehend malariafrei, die Notwendigkeit von Prophylaxe umstritten.
www.fit-for-travel.de
www.tropenmedizin.de

KRANKENHAUS

Bali International Medical Center
Moderne Klinik mit zum Teil internationaler Ärzteschaft.
Denpasar, Kuta | Jalan Bypass Ngurah Rai 100X | Tel. 03 61/76 12 63 | www.bimcbali.com

International SOS – Klinik Medika
Ebenfalls internationaler Standard.
Denpasar | Jalan By Pass Ngurah Rai 505X | Tel. 03 61/71 05 05 | www.sosindonesia.com

RSU Sanglah
Modernes Krankenhaus mit internationaler Versorgung. Auch auf Tauchunfälle eingestellt.
Denpasar | Jalan Kesehatan 1 | Tel. 03 61/22 79 11-5 | www.sanglahhospitalbali.com

APOTHEKEN

Apotheken gibt es in allen größeren Ortschaften. Sie sind in der Regel von Mo–Fr von 9–19 Uhr und Sa von 9–16 Uhr geöffnet. In Denpasar und den Touristenzentren des Südens gibt es etliche 24-Std.-Apotheken.

Nebenkosten

1 Tasse Kaffee	0,50 €
1 kleines Bier	1,50 €
1 Cola	1,20 €
1 Reisgericht	1,50 €
1 Zigaretten	1,20 €
1 Taxifahrt	0,30 €
1 l Benzin	0,50 €
Mietwagen	ab 15 €/Tag

Notruf

110, Handy 112 (Polizei)
113, Handy 112 (Feuerwehr)
118 und 119 (Ambulanz)
111, 115 und 151 (Rettungsdienst)

Post

Die meisten Orte haben ein »kantor pos«. Die größten Postämter befinden sich in Denpasar (Jalan Raya Puputan) und in Kuta (Jalan Raya Kuta, Gang Selamat) geöffnet Mo–Do 8–14, Fr 8–11, Sa 8–12.30 Uhr. Ein Brief nach Europa kostet 13 000 Rp., eine Postkarte 10 000 Rp. Die Briefkästen sind orange.

Rauchen

Geraucht wird – abgesehen vom Flughafengelände – viel und fast überall. Nichtraucherzonen gibt es nur in großen Hotels und Restaurants.

Reisedokumente

Bei der Einreise erhalten Sie eine Departure Card, ein offizielles Dokument, das Sie sorgfältig verwahren müssen. Es ist sinnvoll, eine Passkopie dabei zu haben. Gleiches gilt für Flugtickets,

Reiseversicherung und den internationalen Führerschein. Wer in Indonesien unterwegs ist, muss sich prinzipiell jederzeit ausweisen können. Wichtig ist das vor allem, wenn Sie sich auf Rundreisen oder längere Ausflüge begeben.

Reiseknigge

Balinesen – und Indonesier allgemein – verlieren selten die Contenance. Lautes Reden und Gestikulieren gilt als unhöflich. Mit einem **Lächeln** kommt man viel weiter.

In ganz Indonesien gilt die linke Hand als unrein. Man reicht und empfängt Dinge immer mit der rechten Hand. Vor Betreten eines Hauses werden die Schuhe ausgezogen und die Füße auf der bereitliegenden Matte abgestreift. Beim **Sitzen** sollte man die nackten Fußsohlen nicht dem Gegenüber entgegenstrecken. Balinesen halten den Anblick der Fußsohle für einen Affront. Der **Kopf** hingegen gilt als heilig. Er sollte nicht berührt werden – auch bei Kindern nicht.

Tempel werden durch unangemessene Handlungen entweiht. Dazu gehört in erster Linie ein Verstoß gegen die Kleiderordnung: Sarong und »Slendang« (Tempelschal) sind ein Muss. Schultern und Beine sollten bedeckt sein.

Bei Tempelfesten ist der **Priester** die Hauptperson: Niemand darf an einem höheren Ort sitzen oder stehen. Generell ist es gut, etwas Abstand zu halten und sich nicht zwischen den Betenden und den Schreinen zu bewegen.

In den Tempeln sind die inneren Bereiche für Außenstehende tabu. Fragen Sie lieber einmal zu viel als zu wenig, wenn Sie einen Bereich betreten. **Frauen** während der Menstruation dürfen die Tempel nicht betreten. Blut betrachten die Balinesen als unrein.

Bevor Sie **fotografieren**, sollten Sie mit einer freundlichen Geste um Erlaubnis bitten und auf Blitzlicht verzichten. Sollten Sie bei Balinesen zu **Gast** sein, probieren Sie von den angebotenen Speisen, nachdem man Sie zum Essen aufgefordert hat und lassen Sie einen Anstandsrest auf dem Teller liegen. Andernfalls denkt der Gastgeber, er habe zu wenig aufgetischt.

Reisezeit

Die beliebteste Reisezeit für Bali sind die Monate der Trockenzeit von April bis Ende Oktober. Die Regenzeit dauert von November bis März. Ein paar Regentage müssen Sie zwar einkalkulieren, gelegentlich auch heftige Schauer. Etliche Reisende bevorzugen diese Monate, weil es auf Bali dann ruhig und gelassen zugeht. Im Januar/Februar tragen Stürme, Strömungsverhältnisse und Flüsse erheblich zur Verunreinigung der Strände bei. Betroffen sind vor allem Kuta, Legian und Seminyak.

Sicherheit

Bali ist ein sicheres Reisegebiet, auch für alleinreisende Frauen. Das größte Sicherheitsrisiko liegt im Straßenverkehr. Besonders Mopedfahrer sind häufig in Unfälle verwickelt. Bei Unfällen sollten Sie immer sofort die Polizei benachrichtigen.

Die zum Teil sehr starken Meeresströmungen werden oft unterschätzt. Baden Sie nur an überwachten Stränden. Kinder gehören immer unter Aufsicht. Kleinere Diebstähle kommen manchmal vor, Überfälle eher selten. Halten Sie Ihre Wertsachen unter Aufsicht.

Auf Bali sind viele Drogen im Umlauf. Marihuana wird oft auch Touristen angeboten. Es drohen drakonische Strafen. Arak und andere hochprozentige Getränke werden teilweise schwarz hergestellt. Lassen Sie besser die Finger davon, in der Vergangenheit ist es in Indonesien durch gepantschten Alkohol zu Todesfällen gekommen.

Strom

In der Regel 220 Volt. Mittlerweile auch in den entlegeneren Gebieten.

Telefon

Fast überall auf der Insel können Sie eine Prepaid-SIM-Karte für Ihr Handy kaufen. Mit einer indonesischen Nummer sind Sie ausgesprochen flexibel. Auch Auslandsgespräche und SMS sind mit einer indonesischen SIM-Karte günstiger.

VORWAHLEN

D, A, CH ▸ Indonesien 0062
Indonesien ▸ D 00 49
Indonesien ▸ A 00 43
Indonesien ▸ CH 00 41

Trinkgeld

Je nach Umfang und Service sind 5000 bis 10 000 Rp. üblich. In großen Hotels ist der Service bereits in der Rechnung enthalten, ein Trinkgeld sollten Sie trotzdem geben. In vielen Resorts steht neuerdings eine Tipp-Box an der Rezeption. Dort sollte man bei der Abreise einen angemessenen Betrag hinterlassen. Am Monatsende wird der Inhalt zwischen der Belegschaft aufgeteilt.

Verkehr

AUTO

In Indonesien herrscht Linksverkehr. Es gibt Tempolimits (40/80), Promillegrenzen (0) und Verkehrsregeln – aber niemand hält sich daran. Fahrweise, Zustand der Straßen und Schwärme von Mopedfahrern machen das Autofahren vor allem nachts zum Abenteuer. Mietwagen können auch mit Fahrer bestellt werden. Bei längeren Fahrten durchaus überlegenswert.

BUSSE

Unzählige Routen werden von (roten) Kleinbussen befahren. Sie stoppen auf

Klima (Mittelwerte)

	Januar	Februar	März	April	Mai	Juni	Juli	August	September	Oktober	November	Dezember
Tagestemperatur	31	31	31	32	31	30	30	30	30	31	32	31
Nachttemperatur	24	24	24	23	23	22	22	22	23	23	24	24
Sonnenstunden	5	5	5	7	7	7	7	7	7	7	6	6
Regentage pro Monat	16	13	10	6	5	5	4	3	3	5	8	13
Wassertemperatur	28	28	28	29	28	28	27	27	27	27	28	29

Handzeichen, sind billig und überfüllt. 2015 ging »Kura Kura« an den Start, die erste zuverlässige Buslinie zwischen Ubud und den südlichen Ferienorten.

FAHRRÄDER UND MOPEDS

Rund um Ubud kann man überall Fahrräder mieten. Geeignet vor allem für die nähere Umgebung oder Nebenstraßen. Mopeds sind für 5 € pro Tag zu haben. Man kommt schneller durch die Staus im Süden. Überlandstrecken sollten nur geübte Fahrer wagen.

TAXI

Registriert und sicher sind die Blue Bird-Taxen, erkennbar an der hellblauen Farbe. Sie fahren mit Taxameter. Grundgebühr 0,50 €, je km 0,30 €.

Zeitungen und Zeitschriften

Die indonesischen Tageszeitungen »Jakarta Globe« und »Jakarta Post« erscheinen auf Englisch. Die »Post« druckt einmal wöchentlich einen Bali-Teil. Gratismagazine mit Restauranttipps etc. gibt es in den größeren Orten.

Zeitverschiebung

MEZ plus 6 Std., in der Winterzeit plus 7 Std.

Zoll

Ein- und Ausfuhr ausländischer Devisen ist unbegrenzt, bei indonesischen Rupiah aber auf 50 000 beschränkt. Frei sind 200 Zigaretten oder 50 Zigarren oder 100 g Tabak, 1 l Spirituosen, zwei Fotoapparate, zwei Videokameras, ein Fernglas. Geschenke im Wert von maximal 100 $.

Bestimmte Medikamente bedürfen einer Genehmigung. Bitten Sie Ihren Arzt um ein international gültiges Begleitformular. Schlangenhäute, Schildkrötenpanzer etc. dürfen ebenso wenig ausgeführt werden wie Antiquitäten ohne ein gesondertes Zertifikat. Weitere Auskünfte über www.zoll.de, www.bmf.gv.at und www.zoll.ch.

Entfernungen (in km) zwischen wichtigen Orten

	Amed	Amlapura	Bukit Badung	Candi Dasa	Denpasar	Kuta/Legian	Pemuteran	Singaraja	Tabanan	Ubud
Amed	–	22	105	35	80	92	132	78	120	69
Amlapura	22	–	84	14	62	72	150	93	94	57
Bukit Badung	105	84	–	71	24	14	140	102	60	43
Candi Dasa	35	14	71	–	48	60	160	103	86	44
Denpasar	80	62	24	48	–	11	120	79	40	20
Kuta/Legian	92	72	14	60	11	–	129	79	49	32
Pemuteran	132	150	140	160	120	129	–	56	80	114
Singaraja	78	93	102	103	79	79	56	–	63	70
Tabanan	120	94	60	86	40	49	80	63	–	42
Ubud	69	57	43	44	20	32	114	70	42	–

ORTS- UND SACHREGISTER

Wird ein Begriff mehrfach aufgeführt,
verweist die **fett** gedruckte Zahl auf die Hauptnennung.
Abkürzungen: Hotel [H] · Restaurant [R]